진주문인

진주문화를 찾아서 21
진주문인

1판 1쇄 발행 2020년 12월 4일

지은이 | 강희근
사　진 | 정장화
펴낸이 | 김진수
펴낸곳 | 한국문화사
등　록 | 제1994-9호
주　소 | 서울특별시 성동구 아차산로 49, 서울숲코오롱디지털타워3차 404호
전　화 | 02-464-7708
팩　스 | 02-499-0846
이메일 | hkm7708@hanmail.net
웹사이트 | http://hph.co.kr

ISBN 978-89-6817-938-9　04380
ISBN 978-89-6817-803-0　(세트)

· 이 책의 내용은 저작권법에 따라 보호받고 있습니다.
· 잘못된 책은 구매처에서 바꾸어 드립니다.
· 책값은 뒤표지에 있습니다.

진주문화를 찾아서 21

진주문인

강희근·글 | 정장화·사진

한국문화사

진주문화를 찾아서 편간위원회 위원(가나다 차례)

고영훈(경상대학교 건축학과 명예교수)
김장하(남성문화재단 이사장, 자문)
김준형(경상대학교 역사교육과 명예교수)
김중섭(경상대학교 사회학과 명예교수, 위원장)
리영달(진주문화사랑모임 명예이사장, 자문)
안동준(경상대학교 국어교육과 교수)
정병훈(경상대학교 철학과 명예교수)
조규태(경상대학교 국어교육과 명예교수)

<진주문화를 찾아서>를 새롭게 시작하며

　최근 진주에서는 1억 1천만 년 전 백악기에 공룡들이 무리 지어 산 흔적을 보여주는 화석 단지가 발견되었다. 사람들이 언제부터 이곳에 살기 시작했는지는 정확히 알 수 없지만, 자연의 역사가 오래되었다는 것은 분명하다. 그리고 신석기나 청동기 유적이 곳곳에서 발견되니 기록 역사 이전부터 오늘날 진주라는 곳에 인류가 살았다는 것도 틀림없는 사실이다. 가야시대의 역사 흔적이 쉽게 발견되는 것도 많은 사람들이 이곳을 삶터로 삼으면서 통치 기구가 형성되어 있었다는 것을 보여준다. 게다가 1,300년 전 통일신라시대에 전국을 9주로 나누었을 때(신문왕 5년, 695년) 이곳에 청주(菁州)라는 주의 치소[관청 소재지]를 두었다는 것도 행정 중심지로서 오랜 역사를 갖고 있다는 것을 뜻한다. 그 뒤에 강주(康州), 청주로 이름이 번갈아 바뀌다가, 1,000년 전 고려 때 진주로 바뀌면서(성종 14년, 995년), 진주라는 지명이 굳어지게 되었다.

　오랜 역사를 통해 만들어진 사람들의 삶의 자취가 이 지역 곳곳에 자연의 흔적으로, 문화로, 기록으로 남아있다. 문화는 좁은 의미의 예술이나 장인 활동이 아니다. 그것은 사람들의 삶의 방식이며, 역사의 흔적이기도 하다. 우리는 '진주 문화'를 찾아가고 있다. 곧, 오랫동안 큰 고을로 이름을 날린, 또 우리 민족의 역사적 변곡점이었던 현장이기도 한 이곳 진주의 역사,

문화, 또 여기서 살아온 사람들을 기억하고, 기록하고, 탐구하려고 한다. 더 나아가 시민들이 진주 문화를 쉽게 이해하고 배우는 데 도움을 주고자 한다.

오늘날 우리들이 살고 있는 환경은 빠르게 바뀌고 있다. 세계가 한 마을처럼 좁아져 가고 있다. 과학에 힘입어 통신과 교통이 발전하면서 지식과 정보가 더욱 중요해지고 있다. 이른바 전지구화 사회, 지식정보 사회로 바뀌는 가운데 사람들이 만들어내는 환경 문제, 사회 문제는 다음 세대가 감당할 수 있을까 염려되는 수준으로 악화되고 있다. 이런 상황에서 우리는 진주의 역사와 문화를 제대로 들여다보는 것이 더욱 중요하다고 깨닫는다. 우리들이 살고 있는 지역의 역사와 문화를 올바로 아는 것이 우리 삶을 더욱 살찌우고 격조를 높여가는 길이라고 믿기 때문이다.

〈진주문화를 찾아서〉 책자 발간은 새천년으로 넘어올 때 처음 시작되었다. 지난 20년 동안 우여곡절을 겪으면서도 18권의 책이 나왔다. 예정보다 더디게 나오기도 하였고, 출판사가 바뀌기도 하였다. 처음 열 권은 '지식산업사', 그 뒤 다섯 권은 '문화고을' 그리고 세 권은 '알마' 출판사가 지역 문화와 역사를 귀중하게 여겨 출판을 맡아 주셨다. 이 자리를 빌려서 이 세 출판사에 고마움의 인사를 드린다. 여러 사정으로 이제 출판사를 바꾸어 다시 출발하고자 한다. 어려운 출판계 형편에도 지역 문화를 드높인다는 큰 뜻을 갖고 우리와 협력하기로 약조를 맺은 한국문화사에 감사드린다.

〈진주문화를 찾아서〉가 지금까지 이어질 수 있었던 것은 오로지 남성문화재단 김장하 이사장님의 열의와 후원 덕분이다. 긴 세월 끊임없이 발간

비용을 맡아 주시며 시민들이 쉽게 읽을 수 있는 책이 되도록 독려해 주시는 것은 진주 사랑이라는 특별한 마음가짐 없이는 어려운 일이다. 김장하 이사장님의 후의와 성원에 진주 시민으로서 마음 깊이 고마움을 전한다.

새로 출발하는 이 시점에 우리는 한 분을 특별히 기억하려고 한다. 편간위원회를 구성하고 〈진주문화를 찾아서〉 시리즈를 기획하고 발간을 추진해 온 김수업 전 진주문화연구소 이사장님이다. 지난해 불치의 병으로 세상을 떠날 때까지 편간위원장을 맡아 삶의 마지막 순간까지 좋은 책이 나오도록 애쓰시며 진주 문화 발전에 온 힘을 쏟으신 김수업 전 편간위원장님의 노고에 감사드리며, 저 세상에서 편안한 안식을 누리시기를 기원한다.

〈진주문화를 찾아서〉의 발간을 새롭게 시작하지만, 지금까지 해 온 것과 크게 다르지 않을 것이다. 진주의 역사, 문화, 인물 등에 대하여 시민들이 쉽게 읽을 수 있는 책을 만들려고 하는 것은 처음 마음 그대로이다. 그러나 뜻대로 안 되는 것도 적지 않을 것이다. 또 부족한 부분도 많을 것이다. 읽으시는 분들의 채찍과 가르침을 부탁드린다.

2019년 8월
〈진주문화를 찾아서〉 편간위원회

머 l 리 l 말

　진주문화연구소 기획으로 두 번째 원고를 쓰게 되었다. 첫 번째는 《진주팔경》이었고 두 번째는 《진주문인》이다. 《진주문인》은 어떤 차례로 써야 할까? 진주문학 또는 진주문인을 알고자 하는 사람들에게 '누구, 누구가 있으니 놀랍지 아니한가요?'하고 소개해 주는 책자가 되기를 바라는 것 같기도 하고 그런 문인들이 활동했던 역사를 쉽게 기술해 달라는 것 같기도 하다. 아무튼 출중한 문인에 거룩한 결실을 이룬 진주의 문학과 전통을 보여주는 것이 되면 책이 갖는 소기의 목적을 달성하는 것이 되리라. 그러나 필자는 50여 년 시를 창작하고 가르치는 일에 매달려 왔음에도 불구하고 진주 문단이나 문인들에 대한 이해도 약하고 그 이론적 비평적 넓이와 깊이를 가지지 못한 사람이라 적이 걱정스럽다.
　그럼에도 필자는 필자가 바라보고 익혀온 주변을 필자 나름의 교양과 창작적 잣대로 근현대 진주문학의 흐름과 문인들을 20세기와 21세기 20년에 걸쳐서 기술해 보고자 한다. 진주의 문학은 1910년대 진주에서 발행된 《경남일보》에 실린 '개화기소설'로부터 비롯된다. 그러나 실질로는 1920년대 한국 동인지 문단시대에 여명의 닻을 올린다고 볼 수 있다.
　진주는 경상남도 수부도시의 역할을 수백 년 해온 역정이 있어서 지방신문의 효시라든가 형평운동의 온상이었다든가 농민운동의 출발지라든가 소년운동의 발상지라든가 하는 국중 기록이 다채한 터에 그중 소년운동의 발상에 때맞춘 소년운동 지도자의 지도와 아동문학이 연접하는 관계의 산물이라는 점이 주목되었다. 새싹회 멤버이자 진주 소년운동 지도자인 강영호가 진주 아동문학의 씨를 뿌린 것이 그것이었다.

그리고 진주는 1920년대 동인지 문단시대에 걸맞게 지방에서 처음으로 1928년 《신시단》이라는 시잡지가 나오고 1940년대와 1950년대는 《영문》이라는 문예지가, 1970년대 1980년대에는 《문예정신》이라는 문예지가, 2011년에는 《시와 환상》이라는 계간 시지가 각각 나옴으로써 20세기 진주는 중앙에 의존하는 것이 아니라 진주 스스로의 텃밭에 문예지를 가지겠다는 각오로 문단이 이루어지는 것을 볼 수 있다. 거기다 그때그때 동인지들이 나와, 소그룹이 끊임없이 결성 되어 지면의 갈증 해소를 시도하고 있었다. 문인들이 전반적으로 사회운동이라는 큰 운동의 테두리 안에서 광복 이후는 우리나라 최초로 축제를 문인 연대로 만들어낸 점은 기록할 만한 일이라 할 수 있을 것이다.

여기서 이 책에서 말하는 '진주문인'이라는 범위를 문학사 기술 편의상 다음과 같은 기준으로 정리했음을 밝힌다. 진주문인이란 첫째 진주에서 태어나 활동한 문인(주요 출향문인 포함), 둘째 진주에서 학교를 다닌 문인, 셋째 진주에서 직장을 다닌 문인, 넷째 진주 인근에서 활동한 사람으로 진주문학에 영향을 끼친 문인, 다섯째 진주지방 신문에 투고한 사람으로 우리나라 문학 사상 기초를 이룬 문인 등 다섯 조건을 충족시켜 주는 사람으로 제한했다. 개념이 모호한 대목이 있을 수 있겠으나 이 범위로 정하고 기술하는 데는 큰 무리가 없었다.

 앞으로 이 책을 기울 기회가 올 때는 좀 더 보충된 자료로 지금의 미비점을 채워나갈까 한다. 독자 여러분의 채찍을 기다린다.

강희근 씀

차례

〈진주문화를 찾아서〉를 새롭게 시작하며 · · · · · · · · · 5
머리말 · 8

1. 1910년대 진주문인

  1) 여명기 · 17
  2) 지역에 선보인 개화기 소설 · · · · · · · · · · · · 18

2. 1920년대 진주문인

  1) 소년 운동과 강영호 · · · · · · · · · · · · · · · 21
  2) 우리나라 지방 최초의 시잡지 ≪신시단≫ 발간 · · · · 27
  3) 시인 김병호와 소설가 엄흥섭 · · · · · · · · · · · 29
  4) 소년문인들의 등장 · · · · · · · · · · · · · · · 34

3. 1930년대 진주문인

  1) 이어지는 김병호와 엄흥섭의 활동 · · · · · · · · · 39
  2) 다솔사와 사천에서 10년 가까이 살았던 김동리 · · · · 42
  3) 동아일보 진주지국 기자 허민의 시와 소설 · · · · · · 54
  4) 아나키즘 운동과 이경순 · · · · · · · · · · · · · 66
  5) 일제하 문인 저항운동의 숨결과 작품들 · · · · · · · 71

4. 1940년대 진주문인

1) 전반기(1940-1944) ··············· 73
2) 후반기(1945-1949) ··············· 75
3) 설창수, 이경순, 조진대의 『삼인집』 ········· 77
4) 평론가 정태용의 활약 ············· 80

5. 1950년대 진주문인

1) 전후를 관통하는 전국 유일의 동인문예지 ≪영문≫ ·· 83
2) 늘어나는 동인 그룹 ··············· 84
3) 최계락, 이형기, 조향, 정공채의 등장 ········ 85
4) 대형작가 이병주의 등장 ············· 87
5) 영남예술제와 그 이후의 극문학 ·········· 88
6) 진주여자고등학교를 졸업한 박경리의 소설과 시 ··· 91
7) 진주고등학교를 졸업한 허유 시인의 〈진주〉 ····· 96

6. 1960년대 진주문인

1) 활발한 동인지 및 문예지 ············· 101
2) 시인들, 김석규, 박재두, 강희근, 김여정, 이월수 ·· 103
3) 토박이 문인들, 리명길, 최용호, 김지연, 김호길, 이수정,
   이영성 ···················· 105

차례

7. 1970년대 진주문인

1) 동인지의 숨결 · · · · · · · · · · · · · · · · · 107
2) 지역 문예지로 우뚝 선 ≪문예정신≫ · · · · · · · 109
3) 문인들, 김인배, 이재기, 신찬식, 정목일, 김정희,
　한수연, 조평규, 조종만, 박노정, 박준영 · · · · · · · 111
4) 이 시기 발간된 주요 작품집 · · · · · · · · · · · 112

8. 1980년대와 1990년대 전반의 진주문인

1) 지면의 증대와 문인의 세 확장 · · · · · · · · · · · 115
2) ≪문예정신≫의 독자 운영체제와 삼광문화재단 · · · · 118
3) 1980년대 정규화, 송희복, 허수경, 김언희, 강경주,
　여태전, 최문석, 윤성효 등 출현 · · · · · · · · · · · 119
4) 교육부 허만길 편수관 복합문학 창시 · · · · · · · · 121
5) 1990년대 초반 박종현, 유홍준, 최은애, 이해선,
　이종만, 정현대 등 출현 · · · · · · · · · · · · · · 122
6) 이 시기의 주요 작품집 · · · · · · · · · · · · · · 124
7) 진주의 후문학파들 성종화, 정재필, 정봉화 등 · · · 125

9. 1990년대 후반과 2000년대 10여년 진주문인

　　1) 진주문인협회 중심의 통상 활동 ·········· 129

　　2) 문학상 제정과 문단의 신기운, 그리고 시지 발행 ·· 132

　　3) 평생교육을 통한 문인 양성과 동인 활동 ······ 136

　　4) 한 세기, 정예문인들의 배출과 그 배경을 이룬 문인들　138

10. 마무리

참고 문헌 ··················· 150

1.
1910년대 진주문인

1) 여명기

진주문인들의 활동은 여명기인 1910년대에 지역신문《경남일보》를 통해 발표되는 개화기소설로부터 비롯된다.《경남일보》는

《경남일보》

1909년 10월 15일 경남 진주에서 창간된 국내 최초의 지방 신문이었다. 제작자는 장지연, 초대사장은 김홍조, 2대사장은 강위수였다.《경남일보》에 실린 5편 개화기 소설은 박영운이 발표한「교기

원」,「옥련당」,「금산월」,「부벽완월」,「운외운」 등이다.

그런데 작품은 지역신문《경남일보》에 실리지만 작가는 진주 사람이 아닌 평안북도 의주군 의주면 출신 '소설기자'이다. 본고에서는 작가가 진주지역 밖에서 태어났다 하더라도 지역의 신문지상에 작품을 발표하여 지역문학에 영향을 크게 미치고 이어 한국문학사 정립에 기초를 세웠을 경우 진주문학의 범주에 넣고자 한다는 것을 이미 밝힌 바 있다.

박영운은 1875년 의주 출생으로 의약분야에 전문 지식을 갖춘 의생이었다. 기독교인이고 부인은 주강숙이라는 개화여성이었다. 그는 의주신사회(義州新社會)를 조직하여 신학문과 지식을 탐구하고 정치와 법률을 강구하고 장차 학교를 설립하는 것을 목표로 활동했다. 사진 박람원을 설립하고 서간도 목민학교를 설립했다. 그는 일찍부터 개화에 눈을 뜨고 근대적 서구문물을 도입하여 국내에 소개했던 개화인이었다.[1] 이런 본격적인 개화인이 진주의 문단 여명기에 한 사람의 선구자로 지역에 나타난 것이었다.

2) 지역에 선보인 개화기 소설

나라 잃은 경술년 이후 1년 이상이 지난 뒤 당시 우리나라 최초의

---

1) 장노현,『개화기의 서사풍경』, 역락, 2019, 118-128쪽

지방지 《경남일보》에 개화기소설(신소설)이 연재되기 시작한 것이다. 당시 《경남일보》 1911년 12월 13일부터 25일까지 사보가 다음과 같이 게재되었다. 오늘의 표기법으로 바꾸면 다음과 같다.

개화기소설 연구서

"본사에서 각종 소설꺼리 이야기 될 만하고 자미 있는 사적을 많이 모집을 이에 포고하오니 만약 1개월 15회 게재할 많은 소설건을 보내 주시면 1개월 본보를 무대금으로 발송하겠사오니 강호제군은 참조하심을 삼가 바람. 경남일보사 사고."

바로 이 무렵 박영운의 「교기원」의 연재가 시작되었다. 사고를 보고 박영운이 응모하였고 이것이 계기가 되어 박영운이 《경남일보》 소설기자가 된 것이다. 소설기자라는 기자직이 있었던 것은 아닐 것이다. 편의상 해당 연구자가 붙인 이름일 것이다. 박영운의 소설 발표지면이 《경남일보》로 거의 국한되고 그 영향력이 한국 개화기 소설사에 지대한 입지가 인정되는 것이므로 이 작가의 진주문인으로서의 역할에 주목할 수 있다.

박영운 작가 작품의 판본별 분류[2]를 하면 다음과 같다.

---

2) 장노현, 앞의 책, 111쪽

《경남일보》 연재본: 「교기원」, 「옥련당」, 「금산월」, 「부벽완월」, 「운외운」(1912.1.6.-1913.7.2.)

단행본: 『금지환』(동양서원), 『옥련당』(박문서관), 『운외운』(춘포약방), 『공산명월』(박문서관)

위의 분류를 참고하면 박영운의 총 발표작 7편 중 《경남일보》에 5편, 단행본 출판으로 2편이 추가되었음을 알 수 있다. 알려진 작품의 줄거리는 다음과 같다. 「운외운」은 의주 성중에 사는 강지사의 딸 수영과 의주 인근의 용천 고을에 사는 고참봉의 아들 정백 간의 혼례를 전후한 이야기이다. 나이 어린 정백과 혼례를 치른 수영은 시어머니로부터 견디기 힘든 음해를 당하게 되며, 끝내 우물에 투신하여 자살을 시도하지만 어느 노부부에게 구조된다. 그 후 수영이 이곳저곳으로 떠돌면서 겪는 사건을 중심으로 이야기가 꾸며져 있다.

단행본으로 나온 『공산명월』(2019)은 박초시와 백경옥 부부가 나쁜 계략에 걸려서 겪는 기구한 이야기이다. 이 소설의 중심 공간 역시 의주군이다. 여주인공 백경옥의 투신 장소도 압록강으로 설정되었다. 이 소설에는 의주와 주변 지역의 물산에 대한 자세한 설명이 나온다.

이 두 소설에서 보면 개화기시대의 시대상이 가정은 가정대로 불안정한 가부장제의 흔들림을 보이고 사회는 사회대로 계략이나 불평등이 지배하는 시대상을 보인다. 작가는 이런 시대의 전통 악습을 깨고 바르고 정의롭고 문명한 새시대를 갈구하고자 그 시대 그 소설을 선택했던 것이다.

2.
1920년대 진주문인

1) 소년 운동과 강영호

　진주의 문인들 활동은 3.1운동 이후 나라를 되찾으려는 국민적 자각에 이어지는 것이었다. 그 어우름에서 조국을 찾는 길은 후세 교육이 필수적임을 깨닫는 선각자들이 나오고 인간은 누구나 평등하다는 형평의 자각이 일어나고 천도교를 중심으로 하는 소년운동이 일어나는, 그런 연쇄적인 자각들이 진주를 나라의 중심으로 이끄는 원동력이 되었다.

　진주의 소년운동은 1920년 8월에 조직된 진주 천도교소년회로부터 비롯된다. 이때는 1921년 5월 1일 조직된 서울의 천도교 소년회보다 8개월이나 앞서는 것이었다. 그래서 진주를 한국 소년운동의 발상지라고 일컫게 되었다. 1921년 《개벽지》에는 "벌써 연전의 일로 기억된다. 진주시내 소년들이 소년회를 조직하여"라는 기사가 실렸고 동아일보 1923년 5월 1일자에는 "진주지방은 조선에서 맨 처음으로 소년운동의 기빨이 든 곳인데 오늘은 3백여 명의 회원을 가진 텬도교 소년회의 주최로 오후 3시에 선언문을 돌리고 밤에는 강연을 한다더라"는 기사가 났다.

그런데 1921년 3월 27일 진주 제2보통학교 3학년에 재학 중인 강민호 등 8명이 일경에 체포되어 실형이 선고된 일이 있었다. 이를 보면 진주 소년운동의 정신은 잃은 나라를 되찾는다는 국권 회복의 정신에 연결되어 있었음을 알아차릴 수 있다.

이때 진주 소년운동의 배경에는 지도자 강영호(姜英鎬, 1896-1950)가 있었다. 정인섭이 《색동회 어린이운동사》에서 강영호가 진주의 소년 운동가임을 밝힌 대목이 나온다. "1923년 3월 16일 일본 도꾜에 유학하던 한국학생 몇 사람이 첫 모임을 갖고 우리나라에서 처음으로 어린이 운동 단체를 만들고자 했는데 이것이 색동회 창립의 최초 모임이었다. 방정환이 중심이 되어 진주 소년운동가

소년운동가 강영호

강영호, 손진태(와세다대학 역사과), 고한승(일본대 예술과), 정순철(도쿄대 음악과), 조준기(도쿄대), 진장섭(도쿄 고등사범학교 영문과), 정인섭 등 8명이 참여했다. 강영호 유족들이 보관하고 있는 자료는 색동회 첫 번째 〈회록〉 복사본(원본은 독립기념관)과 초창기 멤버 8인의 사진 한 장이 남아 있다."

그러면 강영호의 소년운동의 정신이나 배경은 어디에 있었을까? 3.1운동 후 천도교 소년운동의 숨은 동기를 생각해 볼 필요가 있다. 천도교 안의 독립운동의 대세가 있고 그 실천지향이 농촌운동과 청년운동에 있었는데 그 청년운동의 갈래에 소년운동이 있었다. 요컨대 소년운동은 방정환에서 보는 것처럼 어린 혼의 구원과 해방이라는 근원적 투망을 던지는 것으로 나타나지 않았나 싶다. 민족정신의 대의와 구체적인 인격 함양이라는 아동문화에의 대의가 결합된 지향이 아닐까 하는 것이다.[3]

강영호는 휘문중학을 나와 16세때 일본으로 건너가 동경대학에서 문학을 공부했다. 그때 동경대신문에 동화「조선의 넋」을 첫 작품으로 발표했고, 이어 천도교월보에 4편의 작품을 발표한 자료가 나왔다. 소설「부부」(통권 118호, 1920.6.15.), 산문「백의노인」(통권 137호, 1922.1.15.) 시「彼-너에게」(통권 138호, 1922.2.15.), 소설「어둠 속에서」(통권 147호, 1922.12.15.)[4] 등인데 이 자료를 보면 진주 천도교소년회 창립 이전에 이

---
3) 안경식, 『소파 방정환의 아동교육 운동과 사상』, 학지사, 1994, 33-93쪽
4) 박길수, 어린이 문화운동의 계승과 발전을 위한 소고(색동 학술 포럼), 2018

미 천도교월보를 통해 작품을 발표했으므로 그가 진주 소년운동의 지도자라는 말에 그 근거가 확보된다 하겠다.

강영호는 색동회 참가 이후 1924년 3월 18일 방정환과 함께 개성 《샛별》잡지사를 방문하는 등 색동회 활동에 적극 동참하는 한편으로 《어린이》지 창간호(1923.3.)에「동요 파랑새」를 발표하고 이어 2집에「이태리 이야기 노란 수선화」(1923.4.), 15집에「전래동화 장재연못」(1924)을 발표했다.

창간호에 실린「동요 파랑새」는 전래동요,「이태리 이야기 노란 수선화」는 이탈리아 전래동화,「전설동화 장재연못」은 진주지역의 전래 동화이다. 그러니까 이 시기의 강영호 아동문학은 전래동요나 전래동화를 재구성하는 것이라서 아직 본격 창작의 대열에 들 수는 없을 것이다. 그렇지만 이 시기의 우리나라 전체 아동문학이 아동문화운동 시대를 이루는 과정에 있다고 볼 때 문학 형성기의 창작이 갖는 구비적(口碑的) 특성으로 이해되어야 할 것이다.

《어린이》지 창간호에 실린「동요 파랑새」는 경남지방에서 전래되는 민요이다. "새야 새야 파랑새야/ 녹두남게 안지 말아/ 녹두꽃이 떨어지면/ 청포장수 울고 간다"에서 파랑새는 일본군을 말하고 녹두꽃은 동학농민군 전봉준을 말하고 청포장수는 우리 백성들을 말하는 것으로 읽힌다. 이 동요는 특히 천도교와 연결되던 동학혁명의 이야기를 담고 있어서 천도교 소년운동 지도자 강영호의 구비적 동요의 의미를 짚어보게 한다.

「장재 연못」은 경남지역에 흘러오는 이야기를 강영호가 동화로 옮겨 재구성한 것이다. 전래동화로 재탄생된 구비문학이다. 줄거리는 다음과 같다. 옛날에 진주성에서 멀지 않은 곳에 대궐같이 큰 기와집들이 즐비한 동네가 있었다. 잘 보면 마을이 아니라 장재(長在)라 하는 사람의 부자집이었다. 가난한 사람들은 자주 이 집에 와서 구걸을 했지만 놀부 같은 장재는 하인을 시켜 강제로 돌려보내고 말을 듣지 않는 사람은 매로 쳐서 돌려보냈다. 이 장재에게는 착하고 예쁜 딸이 있었는데 그 딸은 아버지와는 달리 불쌍한 사람들에게 몰래 곡식을 내주고 배고픈 이들을 위로해 주었다. 하루는 노인 거지가 이 집을 찾아와서 주인을 찾아 식구들이 배를 곯고 있으니 벼 한 말만 빌려달라고 애걸했다. 그러나 장재는 노인의 자루에다 말똥을 가득 담아 주었다. 이를 안 장재의 딸은 뒷문으로 지켜 서서 쌀 한 말을 채워 그 노인을 불러 아버지의 잘못을 빌고 쌀자루를 드렸다. 그러나 노인은 그것을 받을 생각을 하지 않고 "딸은 이렇게 착한데"하며 그 딸에게 이 자리를 빨리 벗어나자고 하며 손을 이끌었다. 그때 장재의 대궐과 곡식과 금은보화는 온데간데 없고 그 자리는 시퍼런 물이 가득찼다. 아가씨가 물속을 들여다보며 눈물을 흘릴 때마다 하얀 연꽃이 피었다. 그다음

장재못

날에 그 근처에 전에 없던 미륵이 하나 서 있었다. 사람들은 그 미륵을 장재의 딸이라고 했다.

  이야기는 권선징악이라는 주제를 담고 있는데 강영호 나름의 표현이 돋보이기도 한다. "말끔 기와집뿐이었다", "보물이 긋득긋득", "기운 한푼어치 없이 꼬부라진 허리를" 등이 그렇다. 거기다 '사람들'을 '백성들'이라 하여 장재와 대립각에 세운 것은 진주가 관청이 우뚝한 역사이므로 사람들은 바로 백성이 되는 것이고 장재는 관의 우두머리가 되는 것이다. 그런데다 불가의 미륵사상이 곁들여 있어 이야기의 배경에 무게가 주어지는 것임을 알 수 있다.

  이제까지 살펴온 바를 정리하면 "강영호는 우리나라 소년운동의 중심인 진주의 지도자이고, 아동문학의 여명기에 경남과 진주 최초의 아동문학가요 문인이었다."가 된다.

2) 우리나라 지방 최초의 시잡지 《신시단》(新詩壇) 발간

진주의 1920년대 후반은 시잡지 《신시단》이 발간됨으로써 중앙문단의 기능 일부를 지역이 감당하는 사례를 보게 된다. 1920년대 초반 우리나라 문단이 서울에서 동인지들이 대거 나오게 되면서 동인지 문단 시대라 일컬어지게 되었다. 그런데 1927년은 인천에서 《습작시대》가 나오고 잇달아 1928년 진주에서 《신시단》이 나와 지방 내지 지역문인들이 움직이기 시작한 것을 주목해 볼 수 있다.

《신시단》 창간호 표지

그런데 《신시단》은 동인지 개념으로 출간되었다기보다는 시잡지 형태로 그 선을 보였다. 이를 감안하면 《신시단》은 우리나라 지방 최초의 시잡지의 자리에 놓인다. 김찬성은 편집 후기에서 "우리 문단에 시잡지가 처음 되는 것만치 반응이 상당히 컸다."라고 적었다. 실제 잡지는 시가, 신시, 동요, 수필, 신시편, 감상(感想) 등으로 갈래를 나누어 편집하는 것이 다른 기왕의 동인지에서 보이지 않는 것이었다. 물론 시인의 투고 지역은 전국권이고 편집 겸 발행인은 신명균으로 경성부 가회동에 사는 사람이었다. 인쇄인은 진주의 진양당인쇄소 강주수이고 발행소는 진주군 진주면 금정 '신시단사'이며 경성 총판매는 한성도서주식회사로 되어 있다. 오늘의 총판을 서울에다 맡기는 것과 같은 체제였다.

  편집위원으로는 시인 김병호, 소설가 엄흥섭, 수필가 김찬성이 맡았다. 김병호와 엄흥섭은 경남도립사범학교를 졸업하고 진주 주변학교에서 교사를 지내며 창작을 했다. 김찬성은 일본에 유학을 하고 중등학교 교사로 일했다. 《신시단》은 창간호를 내기 위해 원고를 모아 편집했는데 일제의 검열을 통과하지 못하고 창간의 좌절을 맛보았다. 그러나 검열 삭제된 부분을 〈삭제〉라 하고 다른 원고를 보충하여 제2호를 내는 데 성공했다. 주로 삭제된 부분은 일제에 대한 저항 내지 저항의 기미를 보인 것으로 《신시단》 편집자의 지향이 저항의 고삐를 쥐고 있었던 것으로 보인다. 편집위원 엄흥섭은 편집후기에서 "본지가 조금이라도 우리 시단의 밟을 방향을 암시하였다면—신흥시단 건설의 임무를 보였다면 우리는 한없는 만족을 늦길 것입니다." 여기에서 편집 지향의 태도에서 한 걸음 더 나아가 프로문학의 개념을 보이는 '新興시단'을 제시한 것이 놓쳐 볼 수 없는 대목이다.

  여기 실린 시들은 순서정의 시편들로 우이동인의 「눈물」, 엄흥섭의

「시집」, 리성묵의 「풀밧우에서」, 이구월의 「참깨고리」, 엄성주의 「단편어」, 김종식의 「감상시」, 정창원의 「벗꽃나무」 등을 들 수 있고, 잃어버린 조국 내지 시대성을 드러내는 시로 엄흥섭의 「산 천리 물 천리」, 이찬의 「봄은 간다」, 변추풍의 「노동자의 葬事」, 이근파의 「주금의 꽃」, 소용수의 「소품 2편」, 김병호의 「殺生!」 등을 들 수 있다. 이 두 계열 중에 습작이 비교적 되어 있는 계열은 조국 상실의 비애와 시대성을 드러내는 시편들이라 편집자의 지향에 어느 정도 걸맞는 시잡지라 할 수 있을 것이다.

그러나 창간호를 내고 종간된 것은 아쉬운 일이었다. 그렇게밖에 될 수가 없었던 것은 첫째는 검열난과 재정난에 있었고 둘째는 엄흥섭 등 편집자의 사정으로 활동 무대를 옮기는 사례가 있었고, 셋째는 가까운 집필자들이 중앙 지면을 확보할 수 있었던 것 등이 그 까닭이었을 듯싶다.[5]

3) 시인 김병호와 소설가 엄흥섭

시인 김병호(1906-1961)와 소설가 엄흥섭(1906-1987)은 《신시단》 편집위원으로 공히 진주출신 문인이다. 부산외대 박경수 교수는 논문 「잊혀진 시인, 김병호의 시세계」[6]에서 처음으로 김병호 시인의 생애와

---

5) 강희근, 「신시단 연구」, 『우리시문학 연구』, 예지각, 1985
6) 박경수, 「잊혀진 시인, 김병호의 시세계」, 『한국시학연구 제9호』, 한국시학회, 2003

시세계에 대해 집중 고찰하였다. 여기에 의하면 김병호는 1906년 경남 하동군 하동읍 목도리(당시 진주부)에서 태어났고 본적지로는 경상남도 진주시 평안동 301번지로 나와 있다. 본관은 의성, 호는 계림(鷄林)이다. 1925년(22세)경상남도 공립사범학교 특과를 1회로 졸업하고 진주에서 조선공립보통학교 교사가 되

시인 김병호

었다. 재학시절 엄흥섭, 손풍산 등과 교유하며 습작했고 《조선문단》(1925, 4월호)에 시「안진방이꽃」이 독자 투고되어 당선되었다.

1928년 《조선일보》 신춘문예에 시「오호대나옹」이 입선되었고, 《조선일보》, 《중외일보》에 시를 발표하고 3월에 《신시단》을 창간했다. 1929년 3월에 일어시를 일본잡지 《전선》에 발표하고 《조선시단》, 《문예공론》 등에 시를 발표했다. 《별나라》 7월호에 동시를 내고 《조선일보》에 동화를 발표했다. 시는 처녀작「안진방이꽃」에서부터 의식이 민중적인 것으로 드러난다. "일흠도업는 풀밭에/적고도 아름다운/자색안진방이꽃"이 피는데 이를 꺾고 짓밟는 이가 있다고 하여 작고 이름이 없는 소외되고 밀려난 자리의 존재를 바라보기 시작한다. 이를 짓밟고 꺾는 자와의 대립각은 무산자가 지니는 소외와 피압박의 아픔을 드러내준다.

《신시단》에 실린 김병호의 시 「殺生」이 주목된다.

> 어이하랴 칼 든 사람들 옆에 세우고
> 고삐 잡아 세 바퀴 돌리드니
> 큰 도끼로 정뱅이 탁 치고나니
> 집채 넘어지듯 소는 대지에 죽어 넘어지도다
>
> 그때에 이름 모를 파랑새 한 마리
> 삐직고 죽지 털며 날아서 승천하고
> 풀잎에 은이슬이 부르르 떨며 떨어지네!
>
> ―「살생」 전4연 중 후 2연

인용시는 일만 하던 소가 오늘은 칼 든 사람들 옆에 세우고 푸줏간으로 끌려 들어간다. 고삐를 잡히고 세 바퀴 돌려지고 정뱅이에 도끼로 찍히자 소는 대지에 죽어 넘어지는 것이다. 이를 처연히 드러내기 위해 시인은 파랑새 승천하고 풀잎에 은이슬이 부르르 떨며 떨어진다고 표현한다. 시대 상황을 전제로 하면 소는 죽어가는 식민지 백성이거나 무산자 계급

『잊혀진 시인, 김병호 시와 시세계』

일 것이다. 김병호 시인은 사범학교 재학시절에 이미 사회주의 이론서에 탐닉되어 이와 같은 의식지향의 시를 쓴 것이 아닌가 한다. 이 시를

쓴 그는 여타 시에서도 소외와 프로시 계열의 시를 쓰면서 이른 나이에 《신시단》의 저항적 선구자적인 시잡지 운동을 시작했으나 창간호가 종간호가 되고 마는 한국 문단의 불운을 감수해야 했다.

엄흥섭은 『엄흥섭 선집』[7] 작가연보에 의하면 1906년 충남 논산군 채운면 양촌리에서 태어났다.(본적은 경상남도 진주부 수정동 654번지) 일찍 아버지를 여의고 11살 때 기독교 신자였던 어머니마저 돌아가자 아버지의 고향인 진주로 이주하여 숙부집에 기거하며 유년시절을 보냈다. 1923년 경남도립 사범학교에 입학하고 《학우문예》라는 학생문예잡지를 창간하고 1925년 같은 학교를 졸업했다. 진주에서 3년간 보통학교 교원으로 근무했고 인천에서 발간된 월간 순문예지 《습작시대》 동인으로 활동하고 진주의 《신시단》 편집동인으로 활동했다.

1925년에는 동아일보에 시 「꿈 속에서」, 「성묘」, 「바다」 등을 발표했고 1927년에는 《백웅》에 단편소설 「갈등에 얽매인 무리」로 문단활동을 시작했다. 1929년에 서울로 옮겨 '카프'에 가입, 1930년에는 이기영이 편집을 맡고 있던 《조선지광》에 단편 「흘러간 마을」을 발표하면서 카프로부터 호평을 받았다.

단편소설 「흘러간 마을」은 백만장자 최병식의 호화 환락생활 이야기다. 부자인 최병식은 서울, 평양, 진주 3곳에 집이 있고 계절에 따라

---

7) 엄흥섭, 『엄흥섭 선집』, 현대문학사, 2010

이동하며 기생 첩을 셋이나 데리고 산다. 이야기는 진주집에서 10리 떨어진 별장마을 P에서 일어나는 이야기로 어느날 별장이 화염에 솟구치며 타오르는 데서부터 시작된다. 별장 아랫마을 사람들은 불이 났는데도 움쩍도 하지 않았고 별장은 고스란히 잿더미로 변했다. 그럭저럭 별장은 재건되었지만 여름에 가뭄이 계속되다가 며칠간 폭우가 쏟아졌다. 그러면서 무리하게 만든 인공호수는 방축이 터지고 한꺼번에 터져나는 물로 마을 30호가 순식간에 사라지고 마을 사람들은 대피하여 엉거주춤 살면서 초근목피로 목숨을 이어간다. 그런 뒤 추석이 오고 별장은 주야로 뱃놀이다 남녀가 뒤섞인 연회다 하여 가무음주가 끊이질 않았다. 참다 못한 마을 사람들은 고서방의 선동으로 징, 꽹메기, 북, 장구를 치며 주막에서 거나한 얼굴이 되어 별장을 향해 다가가고 있었다. 고서방이 앞메기 소리를 지르면 100여 명 동네 사람들은 상사뒤여를 연해 불렀다. 어깨와 어깨를 겨누어라 상사뒤여, 힘차게 앞으로 나아가자 상사뒤여...... 점점 별장마당이 가까와지고 있었다.

  이 소설은 빈궁한 마을 사람들과 최부호 사이의 갈등을 그린 것으로 계급문학에 전조를 보이는 작품으로 주목받은 작품이었다. 특히 마지막 부분의 처리가 비교적 느슨하다고 할까, 여유로운 접근이라 할까, 칼로 자르는 듯한 결말이 아니라는 점에서 눈여겨 볼 데가 있지 않은가 한다.

4) 소년문인들의 등장

진주는 천도교 소년운동이 전국에서 앞서는 지역이다. 그리고 1926년 어우름부터 사회주의 의식을 가지고 아동문학을 시작하는 소년문인들이 등장한다.[8]

1923년부터 등장하는《어린이》,《신소년》,《별나라》,《아이생활》등에서 찾아지는 진주의 소년문인들 이름은 잡지별로 확인할 수 있다. 소용수, 손길상은《어린이》지에서 이름이 보이고, 소용수, 정상규, 손길상, 이재표 등과 김병호, 엄흥섭 등이《신소년》지에서 보이고, 정상규, 손길상, 이재표, 김병호 등의 이름이《별나라》지에서 보이고, 진주기독회 박은주, 정상규, 이재표, 손길상 등이 이어 이름을 보이고 있다. 여기서 김병호, 엄흥섭은《신시단》편집자로서 그 당시 국내 문예잡지에 투고하는 성인급 문인이었고 소용수는 진주고보 학생으로서 성인문예지에 다수 시를 발표하고 있는 무게가 주어지는 시인이었다.

이들을 제외하면 순수 신인급 소년문인은 정상규, 손길상, 이재표, 박은주 등의 이름을 꼽을 수 있다.

정상규(1914-?)는 진주소년동맹의 조직인 진주새힘사의 주역으로 무산계급 소년문예운동의 길잡이였다. 처녀작은 동아일보 '어린이지 페이지》(1927년 11월 23일자)에 「가랑닙」을 발표한다. 발표 기간은 1927년

---

8) 박태일, 「나라 잃은 시대 어린이 잡지로 본 부산 경남지역 어린이문학」,『유치환과 이원수의 부왜문학』, 소명출판사, 2015, 179-232쪽

말부터 1930년 말까지이고 《동아일보》, 《조선일보》, 《중외일보》 등과 여러 어린이지가 발표무대였다.[9]

> 산길만 산길만
> 이십리 길을
> 새벽서리 찬 바람에
> 발발 떨면서
> 신 못신은 맨발로
> 학교 왓것만
> 오늘도 선생님께
> 쫏겨 나왓네
>
> 책보를 깔고 안저
> 교문 압헤서
> 바람소리 글소리
> 가겨거거
> 넉달치 월사금
> 안가저 왓다
> 선생님께 집에 가라
> 쫏겨 나왓네
>
> ―정상규 「퇴학」 전문

---

9) 박경수, 「일제 강점기 진주지역 소년문예운동과 진주 새힘사 연구」, 『우리문학 연구 35집』, 우리문학회, 2012

이십 리 산길 찬 바람 맞고 맨발로 학교에 간 어린이, 가난한 집 형편에 월사금을 못내고 선생님께 쫓겨난다는 이야기다. 그래도 교문 앞에서 책보를 깔고 앉아 바람소리 글소리 호응하고 있는 모습이 안타깝게 그려진 작품이다. 당시 현실의 빈궁이 극에 달하고 침략마저 당한 것이 함께 떠오르게 하는 동시인데 동시라고 마냥 유족하고 천사처럼 화려한 세계로 표현되는 것을 거부한 것이 오히려 진실의 발견으로 보인다. 정상규는 1930년 작품「허재비 일꾼」을《신소년》에 발표하는데 허재비를 일꾼이라 의인화하여 지주로부터 품삯을 받지 못함을 안타까이 지적하고 있다. 정상규의 계급의식이 점점 깊어가고 있음을 본다.

손길상은 정상규, 이재표와 같이 진주새힘사를 이끌던 인물이다. 노동야학을 통한 소년문예운동에 열성적이었다. 나이는 정상규와 비슷하리라 추정이 된다. 손길상의 발표는《조선일보》(1929.1.23.)에 발표한 동시「겨울밤 거리」로 시작하여《신소년》(1931.11.)에「공장 아씨의 노래」까지 이어진다.《조선일보》에 발표한 동시「어머니께」(1930.1.26.)를 보자.

어머님 이제는 걱정 마셔요
저도요 설이라 옷해 달라고
이제는 아니 졸으겟서요

저는요 마음을 고쳤습니다

한때의 밥도요 못 먹는 우리
무슨 설날이 잇겟습니가

어머님 떠러진 옷이라도요
깨끄시 빠라서 지어서주고
날보고 질겁게 우서 주서요
　　　　　　　—「어머니께」 전문

　이 동시는 설명절이 와도 옷해 달라 소리 하지 않고, 한끼 밥도 없는 형편에 설날 좋은 음식 기다리지 않고, 떨어진 옷일망정 빨아서 기워주시면 만족하겠다는 궁핍한 시기의 삶을 긍정적으로 살아가겠다는 의지를 보인다. 시대와 현실이 가난이고 인내를 해야 하는 것임을 자각하는 소년 화자의 가난에의 인식이 돋보인다. 이런 자세로 화자는 농촌의 현실, 힘든 노동에 대한 이해, 그리고 부당한 가짐에 대한 횡포를 노래한다. 「싸우러 가는 개미」나 「공장 아씨의 노래」 등 제목만 보아도 연대적인 의식과 공장 현실의 고통을 감지할 수가 있는 작품을 썼다.

3.
1930년대 진주문인

1) 이어지는 김병호와 엄흥섭의 활동

1920년대 말에서부터 진주에는 문학하는 인구가 잠재적으로 생겨나고 학생세계에서 그 풍조가 짙어지고 있었다. 《신시단》을 낸 김병호, 엄흥섭 등을 중심으로 그 기운이 살아났던 것이 아닌가 한다. 광복 이후에 시인으로서 등장하는 이경순 시인이 1928년 동경서 잠시 귀향했을 때 진주의 김병호를 통해 시「백합화」를 조선일보에 발표할 수 있었던 것도 이런 기

「엄흥섭 선집」

운에 힘입은 것이었다.

  김병호는 20년대 중반에 등장하여 30년대에 이어 활동하는데 가정은 불행한 편이었다. 차녀가 죽고 아내가 26세 나이로 죽는 것이 그렇다. 32년(19세)에 「비판」, 「여인」 등의 시를 발표하고 33년 30세에 재혼했다. 창원 소재 대산공립보통학교로 전근, 《신소년》, 《별나라》 등에 동시 발표, 《전선》, 《비판》에 시를 이어 발표했다.

  이어 김병호는 1939년 임화 편 『현대조선시인선집』에 시 「여수」를 발표하고 광복때까지 발표를 마감한다. 「旅愁」는 다음과 같다.

    칙넝쿨 얼키듯한 모든 결누(結累)를 끊어버리고
    개미 체바퀴 돌듯하는 故土를 벗어나서
    훨훨 떨치고 旅路에 나서고 싶다
    山을 넘고 물을 건너
    가다 가다 쓸어질 그때까지-
    가다 가다 나무그늘 밑
    돌틈에서 소사나는 물을 떠마시고
    酒幕에 들어 따스한 人情을 맛보며-

    오오 가을하늘에 담배 煙氣를 구름 날리듯 훅 뿜으며
    山넘고 물 건너 끝없는 旅路에 나서고 싶다

  인용시 「여수」는 허심탄회한 서정시다. 어떤 시인이든지 거쳐갈 수 있는 인생 여로의 인식이고 기존의 얽히는 삶에서 한 걸음 빠져나와 자유자재 풍경과 인정을 귀하게 여기며 끝없는 여행의 길에 들고 싶다는 소망의 시다. 김 시인의 치열한 시대나 사회 인식이 피로를 덜고자 하는 계기가 어디서 나왔을까? 그럴 만한 환경의 개선이 주어졌을 리는 없으므로 조직이나 주변 삶에서 오는 일시적인 '쉼'의 의미가 아닐까 싶다.

엄흥섭도 20년대에 이어 30년대의 본격 문단 활동이 그를 기다리고 있었다. 1929년 서울로 가 카프에 가입한 이후 한때《별나라》편집동인,《여성지우》편집부 활동을 했고 서울 인천 등지에서 무산 아동교육에 힘썼다. 주요작품으로 단편「파산선고」,「꿈과 현실」,「지옥 탈출」을 발표하던 중 '군기(軍旗)'를 통해 카프를 적색 상아탑이라 하며 지도부를 비판하여 카프에서 제명되었다.

1930년대 후반에 들어서면 등단 때 단점으로 지적된 과도한 열정은 없어지고 전형적인 통속의 길로 헤맨다. 그는 이전에 보인 지식인의 투쟁적 면모에 대한 강조가 아닌 '계몽적 면모'에 초점을 잡고 있다. 「행복」,「인생사막」,「봉화」등은 오히려 통속적인 측면이 농후하다.

아직 후반에 들어가기 전의 단편「안개 속의 춘삼이」를 떠올리게 된다. 방화범 김춘삼은 철창생활 15년을 살고 나온 뒤 그가 살던 마을 숭어마을을 찾아가고 있다. 철창생활을 하게 된 것은 김참봉의 소작인이었던 춘삼이 마을 친구가 참봉을 회유하여 춘삼이가 부쳐먹던 논밭뙈기를 빼앗겨버린 앙심으로 참봉의 별장을 방화한 것이 원인이었다. 춘삼이는 마을에 아내와 딸애를 남겨두고 감옥에 가서 15년을 보냈는데 얼굴은 해골이 되고 눈은 움펙 파이고 해골이 된 얼굴은 머리털이 덮여 인상을 알아볼 사람은 없었다. 춘삼은 일단 S마을 장터에 와서 나무전거리에서 숭어마을 청년 하나를 만난다. 옛날 나무전거리에서 나무장사를 하던 일을 떠올리며 춘삼은 청년과 동행하여 숭어마을로 가며 자기 아내와 딸은 어디론가 가버렸고 참봉은 더 큰 별장을 짓고 떵떵거리며 살고 있다는 걸 알게 된다. 그런 상황이지만 춘삼은 무작정 숭어마을을 향해 걸어가고 있었다.

줄거리를 잡아보면 소설은 부자 농지 소유주와 소작농과 관련된 생존권 문제인데 소작인 춘삼이 억울하게 당한 나머지 일어난 방화사건인 것이다. 계급문학에 터잡은 이른바 경향문학이라 할 수 있을 것이다.

2) 다솔사와 사천에서 10년 가까이 살았던 김동리

1935년 봄 경주 출신 김동리는 본격적인 창작활동을 목표로 그의 맏형 김범부를 따라 사천 곤명면 다솔사로 들어왔다. 김동리는 『곤명면지』(1987) 권두 「서」에서 1935년 이후 1943년 사천 생활을 완전히 접을 때까지의 10년에 긍하는 창작과 생활의 과정을 이야기하고 있다.

다솔사 안심료

"내가 곤명면을 처음 찾았던 것은 1935년 이른 봄이었다. 그때 신춘문예(《조선일보》, 《중앙일보》)에 내 소설이 처음으로 당선되었기 때문에 조용한 곳에 가서 좀 더 차분히 글을 써 보겠다는 생각이었다. 그래서 그곳이 바로 사천군 곤명면에 있는 다솔사였던 것이다. 나는 서너 달이나 절간에 박혀 있으면서 나름대로 읽고 쓰고는 했지만 외부와의 접촉은 전혀 없었다. 그러다가 그곳에서 여러 여건으로 해인사로 옮겼다. 거기서 쓴 소설이 1936년 신년에 《동아일보》 신춘문예에 당선되자 나는 서울로 옮기고 꽤 많은 작품을 발표했으나 그것으로 생활이 되지 않았다.

이듬해인 1937년 봄에 또다시 다솔사로 갔다. 다솔사의 인근 마을 봉계리와 합동으로 운영하게 되어 있는 학원의 선생노릇을 위해서였다. 그것이 봉계리 원전의 언덕 위에 세워져 있던 광명학원이었다."

이로써 김동리는 학원생활과 사천읍에서의 직장으로 이어지는 통산 10년 사천지역 살이가 이뤄지게 된 것이다.

그럼 김동리의 사천살이 10년이 진주와 어떤 연고를 이루는가를 먼저 살펴볼 필요가 있다. 첫째로 다솔사가 있는 사천군 곤명면은 진주와는 최인접지역으로 행정구역만 다를 뿐 같은 생활권이라는 점이다. 둘째로 김동리가 진주여고 출신 김월계와 진주옥봉천주교회 공소인 봉계공소에서 혼배예절을 거쳐 결혼을 했다는 점이다. 이 근거는 진주 옥봉천주교회에 아직도 확인되는 혼배문서이다. 여기에는 김동리는 김창귀라는 이름으로 신랑이고 김월계는 김젤마나 이름으로 규수가 되어 있다. 김창귀는 김동리의 호적 이름이고 세례명이 갑벨(가브리엘)로 기록되었다. 주례신부는 김베드루, 결혼 증인에 우다두, 장안나였다. 이 결혼식이 연속으로 이어졌는데 천주교 예절이 먼저였고 뒤에는 학원 마당에서 한용운 스님이 일반 예식으로 주재했다.

셋째로 다솔사 주지 최범술이 진주 해인대학의 창시자요 학장으로 학사행정이 진주와 밀접히 연결되어 있었다는 점이다. 그것이 문학으로 연결되어 진주에 거주하게 되는 1920년대 금성동인 유엽과 장미촌 동인 황석우의 영향을 고려해볼 수 있다.

넷째로 김동리는 진주여자고등학교 출신 두 작가를 자기 제자로 성장시킨 점이다. 먼저 진주일신여고(진주여고) 출신 박금이(1926년 통영 태생)의 문재를 알아보고 우리나라 월간《현대문학》신인으로 추천을 하여 소설가로 대성시킨 것이다. 처음에 박금이는 김동리의 아내가 된 김월계(진주여고 출신)에게 시 2편을 가져가 김동리에게 보여달라고 맡겼다. 그러나 시보다는 소설이 박금이의 성격에 맞겠다고 판단한 김동리는 소설을 써 오라고 일렀다. 가져온 소설이 마음에 들자 필명을 박경리로 고쳐 본인에게 묻지도 않고《현대문학》에 원고를 건넸다.

진주여고 출신 김지연은 애초에 이름이 김명자였다. 서라벌예대에 가서 김동리의 제자가 되었다. 김명자는 어디에서 왔느냐?는 김동리의 물음에 "진주에서 왔습니다" 하고 겸손히 대답을 했다. 그러자 선생은 "뭐라, 진주에서 왔다꼬?"하며 진주출생에 특별한 관심을 보였다. 김명자는《대구 매일신문》에「천태산 울녀」(필명 김석라)가 당선되었고, 선생은 이어《현대문학》에 필명을 다시 김지연으로 고쳐 신인소설가로 등장시켰다.

김동리가 들어온 다솔사는 주지가 일본 대정대학을 수료한 최범술이었는데 재학중에 박렬을 정점으로 한 선인사를 결성한 바 있다. 한용운 스님이 결성한 만당(卍黨)은 최범술이 주지가 되면서부터 근거지를 다솔사로 옮겨 암약하게 되었다. 동지로는 김범부, 김법린, 최범술, 오제봉, 문영빈, 이기주, 강달수 등으로 알려져 있다. 최범술은 광명학원을 세워 운영했고 다솔사 후원에 작설차를 생산하였고 그 특유의 법제로 인한 향미(香味)가 뛰어나다는 정평을 얻었다. 그는 '다도무문'이라는 다문화 경지로 초의선사와 더불어 우리나라 다도 정립에 있어 핵심적 위상으로 자리매김이 된 바 있다.

김동리는 다솔사가 세운 광명학원 강사로 직장생활과 소설가로서의 작가생활을 성실히 해 나가게 되는데 이 시기의 삶과 문학에 대한 기록은 두 권의 연구서[10]에서 요약해볼 수 있다.

『김동리 문학전집』

김동리는 이 시절 진주일신여자고등보통학교(현 진주여자고등학교) 출신 김월계를 만나 사랑에 빠지게 되었다. 서정주는 "동리가 편지에다 월계 여사에 대해서 그리운 것을 나한테 표현해서 보냈다. 그러더니만 한동안 있다가 결혼했다."고 말했다. 김월계의 어머니 황향이는 3대째 내려오는 천주교 신자였다. 그녀는 곤명면 내에서 알아주는 집안의 딸로 택호는 가느실댁이었다. 그녀는 하동으로 시집을 갔는데 시집 가는 행렬이 무척 길었고 말까지 타고 갔다. 그 행렬에는 남종과 여종이 줄을 이루었는데 그 길이가 동네 골목을 돌았을 정도라고 전해졌다.

---

10) 김정숙,『김동리 삶과 문학』, 집문당, 1996; 윤애경,『문학작품의 배경 그 현장을 찾아서』, 푸른사상사, 2014

김동리는 장모 황향이의 요청에 따라 천주교 세례를 받고 혼배예식을 치루었다. 김동리는 결혼을 하기 위해 천주교 신자가 된 것이다. 1938년 3월 25일 김동리의 나이 24세, 김월계의 나이 20세였다. 김동리가 혼배예식을 올린 그 시기에는 다솔사 아랫동네로 맏형 김범부 가족들과 범산 김법린(후에 동국대 총장) 가족들, 그리고 김동리 어머니까지 이사를 와 있었고 김동리는 시간이 비면 3키로미터쯤 떨어져 있었던 맏형 댁으로 올라가 오붓한 시간을 보냈다.

다솔사 시절 체험이 김동리 소설의 모티프가 된 소설은 「등신불」, 「황토기」, 「당고개와 무당」, 「바위」, 「불화」, 「극락조」, 「저승새」, 「찔레꽃」, 「눈 내리는 저녁에」 등을 꼽을 수 있다. 그래서 이 소설들을 다솔사에서 집필한 것으로 볼 수도 있지만 다 그렇지는 않다. 다만 다솔사 체험(다솔사, 사천일대와 쌍계사 일대)이 모티프가 되었거나 아니면 다솔사에서 상당히 윤곽이 잡히는 수준으로 구상이 되었을 수도 있을 것이다.

「등신불」의 경우 상당한 수준으로 다솔사에서 구상을 했던 것으로 볼 수 있다. 김동리가 다솔사에 의해 운영되던 광명학원 강사로 있을

다솔사 만해 기념식수

때 다솔사 최범술 주지의 전갈을 받고 다솔사로 갔더니 시인 한용운 스님이 내방해 있었다. 그때 한용운과 김동리 맏형 김범부와 최범술 주지가 담소하고 있었는데 만해와 김범부는 다음과 같이 묻고 답하는 것이었다.

    만해 : 범보(만해는 범부를 범보로 불렀다. 父가 호칭으로 쓰일 때는 보로 읽음. 동격을 드러낸다는 뜻) 우리나라 전적에서 소신공양(燒身供養)에 대해 기술한 것을 읽은 일이 있는가? 중국 자료에서는 더러 눈에 띄기도 했네만.
    범부 : 아이고 형님께서 보지 못하셨다면 없는 것이지요. 저도 우리나라 자료에서 본 일이 없습니다.
    만해 : 중국의 이야기 중에 어떤 살인자가 죄를 갚는다는 취지로 소신공양을 했다는 이야기도 있는데…….

만해의 두 번째 언급은 다솔사 언저리에서 떠돌아 다니는 이야기이다. 김동리는 이런 이야기에서 소름 끼치는 전율을 느끼고 이어 스님들을 통해 다솔사에 있었던 소신공양 관련 자료를 수집한 것으로 보인다. 김동리의 광명학원 제자이자 최범술 주지의 누이 아들인 김용석은 1994년 5월 21일 증언에서 다음과 같이 말했다.

강원도 금봉사에 가면 33인이 소신한 곳이 있는데 다솔사에도 소신대가 있다. '소신'이란 말은 불가에서 쓰는 용어로 몸의 작은 부분을 태우는 것을 '연비'라 하고 몸의 많은 부분을 태우는 것을 '소신'이라 한다. 불가에서 흘러나온 과거부터 있었던 이야기를 작품화한 것이 「등신불」이라 생각한다. 다솔사에는 소신대가 부둣돌 밑에 있었다. 옛날에 거기서 소신한 사람이 있었는데 소신대에 귀신이 나와서 울곤 했다는 이야기가 있었다.

김동리가 「등신불」을 쓰게 되는 모티프가 여기까지의 이야기라 할 수 있다. 이것은 모티프가 수면 위로 떠오른 것이고 수면 밑에 있으면서 아직 드러나지 않는 것이 오히려 작품의 주제나 구성적 자질에 영향을 더 크게 주었을 수도 있다. 어쨌든 김동리는 이를 계기로 1961년 《사상계》를 통해 「등신불」을 발표했다. 이는 1938년 즈음에 생긴 모티프가 무려 23년을 작가의 내면에서 성장하여 한 편의 대표작으로 완성된 것이다. 소설의 줄거리는 다음과 같다.

'내'가 일본의 대정대학 재학 중에 학병으로 끌려나간 것은 1943년 여름 나이 스물세 살 때였다. 소속된 부대는 중국 남경에 도착하여 후속부대가 당도할 때까지 남경에서 머물고 있었다. '나'는 거기서 대정대학에서 미리 알아온 중국불교인 전기수(대정대 출신)의 신상에 대해 탐문하여 그가 남경 교외 서공암에서 독거한다는 정보를 얻게 되었다. '나'는 서공암에서 전기수를 만나 '살생을 면하게 부처에 귀의하게 해달라'는 요지로 혈서를 써 진정성을 보였다. '나'는 전기수가 내어준 법의를 입고 경암이라는 늙은 중을 따라 다음날 늦은 아침에 양자강 북

쪽 정원사에 당도하여 전기수의 법사 원혜대사를 만나게 된다. 원혜대사는 '나'를 보자 '불은이로다'라 했다.

'나'는 원혜대사가 거처하는 청정실 곁방에 방 한 칸을 갖게 되었는데 그 방은 시봉 청운의 옆방이었다. 거기서 '나'는 법당 구경부터 했다. 세 위의 도금한 불상이 있지만 우리나라 절에서 느끼는 규모에서 크게 벗어난다는 느낌을 받지 못했다. 그러나 금불각에 모셔진 등신불을 보고 나서야 그 세 위도 좀 다르다는 느낌을 받게 된 것이다. 금불각은 앉은 위치와 계단이나 석대라든가 도금을 입힌 추녀, 현관 등이 유별난 것이었지만 무엇보다 그 불상이 여늬 불상이 아니어서 충격적이었다. 머리 위에 향로를 이고 두 손을 합장한, 고개와 등이 앞으로 수그러진, 입도 조금 헤벌어진 그런 형상이었다. 무엇인가 사무치는, 쥐어짜는 듯한 등신대의 결가부좌상이었다. 저건 부처님이 아니다! 불상도 아니야! '나'는 충격 속에서 부르짖고 싶었.

다음날 원혜대사를 뵈었을 때 '불은이로다!'라 말했다. 물론 '내'가 금불각 방문을 했었다는 사실을 알고 난 뒤였다. 스님은 자세한 말을 하지는 않고 "본래는 부처님이 아니야 모두가 부처님이라고 부르게 됐어, 본래는 이 절 스님인데 성불을 했으니까 부처님이라고 부른 게지."

'나'는 청운을 통해서 등신불이 영검이 많고 새전이 많이 든다는 이야기를 듣고 점점 그 부처에 기울어져 갔다. 사흘 뒤 금불각에 갔다가 그

날 저녁에 스님을 찾았을 때 그 불상의 기록을 보았느냐고 물었다. 그 다음 날 나는 천 수백년 전 기록한 「만적선사 소신불기」를 손에 들고 읽어내릴 수 있었다.

　만적은 법명이고 속명은 기, 성은 조씨다. 금릉서 났지만 아버지는 어떤 이인지 모른다. 어머니 장씨는 사구라는 사람에게 개가를 했는데 사구에게 한 아들이 있었는데 이름이 신이었다. 나이는 기와 같은 또래였다. 하루는 밥을 먹는데 장씨가 개가한 집의 아들 신의 밥에다 독약을 넣었다. 눈치를 챈 아들 기가 그 밥을 자기가 먹겠다고 했다. 그리하여 신은 살아났지만 집을 나가고 기도 신을 찾겠다 하고 집을 나와 머리 깎고 중이 되고 이름을 만적이라 했다. 만적이 이 정원사 해각선사에게서 법을 배우고는 도를 깨칠 위인이 못되니 부처님께 몸을 태워 공양함이 좋겠다 하여 소신하기에 이르렀다. 소신하는 순간 불빛이 더 환하고 보름달 같은 원광이 비치었다. 모인 사람들의 병이 낫는 기적들이 일어나자 모두 만적스님의 소치라 하여 쇠전을 바쳤다. 여기까지 성불기의 대략이다.

　원혜대사가 '나'에게 기록에 없는 부분을 이야기해 주었는데 만적이 소신하는 과정에 대한 것이었다. 만적이 앞 기록처럼 소신으로 공양할 뜻을 굳히고도 수년이 흘러 23세 되던 해 금릉에 나갔다가 의붓 아버지 아들 신을 만났다. 그런데 신은 문둥이가 되어 있었다. 만적은 자기 목에 걸었던 염주를 신에게 걸어주고 말없이 절로 돌아와 취단식을 거행하고 소신공양의 절차를 밟았다. 그때 비가 내렸다. 그러나 웬일인지 단 위에는 비가 내리지 않았다. 만적의 머리 위에는 더 많은 연기가 솟고 주변은 보름달 같은 원광이 씌어졌다. 새전이 쏟아지고 그 새전으로 그 후 몸에 금을 덧씌우고 금불각이 섰다.

이 소설은 부처를 말하거나 노력하여 부처가 된 이야기를 하는 것이 아니다. 인간이 끊임없이 노력하는 과정을 보여주면서 그 결과로 인간의 모습 그대로 이어지는 이야기다. 이를 가리켜 '인간들의 구경(究竟)에 이르는 몸부림'이라 할 것이다. 김동리가 문학에서 신인간주의를 내세운 바 있는데 현실 속에서 인간을 구제하는 길로 '인간에 내포된 신의 발견'이라

『김동리 삶과 문학』

는 점에 유의하는 것으로 읽힌다. 조연현은 어떤 강연에서 일본소설이 서정이나 기법이 승한 반면에 한국소설은 사상적 측면에서 우세하다고 한 바 있는데 이때의 한국소설은 김동리를 주로 염두에 두고 한 말이었다.

「등신불」은 액자소설로 현재의 '나'와 천수백 년 전의 만덕 스님 이야기를 결합시켜 놓고 있다. 그 두 항이 결합되는 근거는 두 가지다.

'나'가 살생을 피해 학병에서 탈출한다는 것, '만덕 스님'이 살생을 피해 의붓 아버지 아들 신을 살린다는 것이 하나로 연결되고 있다. 또 하나는 '나'의 오른손 식지 훼손과 만덕 스님의 소신공양이 육체 훼손이라는 점에서 연결되고 있다.

소설 배경은 다솔사 체험이나 장소가 그대로 소설의 배경이 되어 있지는 않다. 중국 남경에서 멀리 떨어져 있는 양자강 북쪽 정원사가 그 배경인데 모티프가 된 다솔사와는 너무나 멀리 떨어져 있다. 유사성이 있다면 소신공양의 현장이라는 점이 될 것이다. 그리고 다솔사의 입구에 있는 '대양루'와 정원사 입구에 있는 '태허루'가 위치상 유사성이 있는데 그 정도로는 배경이 포개지는 수준으로 볼 수는 없을 것이다. 그렇다 하더라도 다솔사가 모티프와 구상의 현장이라는 점에서 양자는 정서적으로 연결되어 있다고 할 수 있다. 여기에 더하여 다솔사 주지의 출신 대학인 일본의 대정대학과 중국 전기수의 출신대학이 같다는 것은 이야기 전개의 근친성을 보여주는 것으로 무시할 수 없는 요소라 할 것이다.

여기서 김동리가 광복후 사천 다솔사 근방 생활을 청산하고 서울로 가는 과정을 살펴본다. 광복이 되자 그 다음날 황순주(사천의원 원장)의 연락을 받고 사천청년회의를 결성하고 회장에 피선되었다. 그해 10월에 사천 인민위원회 결성 자리에서 끝까지 그 진위를 질문하여 논리적으로 따졌다. 그 일로 김동리는 좌익 청년들에게서 몰매를 맞는 테러를 당하기도 했다. 김동리는 1945년 12월 하순에 서울에 올라가 상황을 살핀 뒤 1946년 3월에는 온 가족들과 함께 서울로 이사갔다. 1946년 4월 4일 YMCA강당에서 열린 청년작가협회 결성총회에서 회장으로 피선되었다. 이후 김동리는 정부 수립기까지 조선문학건설본부 계열의 문인들과 좌우 논쟁의 최일선에 서서 투쟁의 고삐를 죄여 나갔다.

김동리는 그와 같은 노선에 있었던 문인들이 친일의 혐의로부터 자유롭지 않을 때 만해 한용운과 김범부, 김법린, 최범술(김범부의 범, 김법린의 범산, 최범술의 범을 따서 '3범'이라 함) 등의 다솔사 중심의 만당(卍黨)이 벌인 독립 지하운동에 힘입어 그런 혐의로부터 온전히 자유로울 수 있었다.

3) 동아일보 진주지국 기자 허민의 시와 소설

시인이자 소설가인 허민(許民, 본명은 許宗, 습작기 필명은 昌瑚, 一枝, 谷泉, 1914-1943)은 사천군 곤양면 남면외리 31번지 외가에서 태어났다. 원적은 산청 단성이고 본적은 합천군 가야면 차인리 10번지다. 허민은 29세에 요절한 시인으로 잊힌 채로 흘러오다가 몇 군데 출판사에서

시인 허민

육필시전집 등[11]을 내고 이어 『허민 전집』[12]이 나옴으로써 허민의 시와 소설, 시조, 동화 등을 활자로 접할 수 있게 된 것이다. 여기서 다루는 일체의 자료는 이 전집으로 가능한 것이었다.

이 전집의 차례는 다음과 같다

1. 시(제1부 허창호시집 제1권, 제2부 두견의 울음-허창호 창작시집 제2권, 제3부 제5시집 未名시집, 제4부 싹트는 잔디밭-허창호 시집 제6권, 제5부 낫과 괭이-허창호시집 제7권, 제6부 시집 NO.8, 제7부 발표시)
2. 소설(九龍山, 魚山琴, 射場, 石이, 엄마)
3. 동화(박과 호박 귀뚜라미, 산보, 소와 닭, 작은 새와 열매, 숲의 향연)
4. 산문. 설문

허민이 우리나라 문단에 등장한 것은 소설이 1936년 22세 되던 해 12월 매일신보에「九龍山」이 당선되던 것이 기점이 된다. 시의 경우는 1940년 26세 되던 해 11월《문장》지에 시인 유엽에 의해 시「夜山路」가 당선되어 등단한 것이 기점이 된다. 소설의 경우 1941년 역시 같은《문장》지에 이태준에 의해「魚山琴」이 추천되었는데 아마도 이 작품은《문장》지의 마지막 호가 아닐까 싶다.《문장》은 수명이 짧았음에도 불구하고 당대 최고의 시인 작가를 소개한 업적으로 청록파와

---

11) 1975년 문학사상 등
12) 박태일 편저,『허민 전집』, 현대문학사, 2009

김상옥의 이름을 거명할 수 있다.

  허민이 시를 쓰기 시작하기로는 『허창호 시집 제1권』(1931년, 17세)부터이다. 이때는 해인사 삼선암의 공양주로 일하던 어머니를 따라 해인사 영내에 들어온 15세 허민이 해인사 강원에 입학하여 공부한 2년 뒤의 일이고 유엽, 이주홍 등의 가르침에 힘입어 시를 습작하기 시작한 이후의 일이었다. 허민의 시는 육필시 1권, 2권, 5시집까지는 대체로 습작시를 벗어나지 않고 있지만 부분적으로는 눈에 띄는 작품들도 보였다. 2권에서 눈에 띄는 것은 먼저 「어머니에게-朝鮮」을 들 수 있다.

    어머니
    꿈을 깨소서
    몇십 년의 고된 꿈을
    이때껏 깨지 못합나이까?

    봄이 따스러운 온기가
    어머니 몸에 대였고
    가을의 싸늘한 바람이
    어머니 품안에 든 지
    몇 번을 거듭하였나이까?

    오오 어머니
    쓰고 쓴 그 꿈에서 깨어나
    부드럽고 위엄 있는 목소리로

몇십 년 꿈꾼 것을 부수어 보소서

오오 어머니
어린 자식을 생각하여서
다시 옛날의 길거움을 부어 보소서
오오 어머니 거치러운 파도에 실린 이 몸을 건져 주소서
그리고 최후까지 잊지 마소서

　인용시는 화자인 자식을 위해 지나간 꿈을 깨신 어머니가 거치런 파도에 실린 자식을 건져달라는 염원을 토로하고 있다. 어머니는 조국이고 자식은 이 나라 백성의 대유로 볼 수 있다. 인용시는 허민의 일상풍의 시에서 시대의식을 드러내는 시로는 눈여겨볼 작품이다. 19세 때의 작품이다. 같은 육필시집에 실린「설움」은 형상화라는 측면에서 우수작이 아닌가 한다.

　육필시집 세 번째인 제5시집(未名시집)부터 산문시에 민요풍 삽입구 도입이나 7.5 민요조가 계속 이어지고 있음을 본다.「농촌의 아침」,「진주 남강변에서」가 눈에 띄고 특히 가요를 위한 가사 내지 가사풍이 두드러지게 드러난다. 이는 일제 강점기 공동체 저항의 한 면모를 보이는 것이 아닌가 한다. 육필시집 네 번째인「싹트는 잔디밭」(제6권)은 21세 때의 육필이다. 소월풍으로 보이는 7.5 4행체가 애상과 정한의 세계를 보인다.

> 달밤에 들려오는 피리와 같이
> 구슬피 애끊으려 비는 옵니다
> 느끼어 울음 우는 눈물도 같이
> 아침에 방울 지어 나려옵니다
> ―「아침비」 전3연 중 앞1연

이 시는 오히려 김영랑의 정서를 닮고 있기도 하다. 그러나 「자던 곳아 잘 있거라」는 이별하는 심사를 그리고 있는데 "앞 뒷집 동무들아 서러워 마오"는 소월의 어떤 구절이 연상되는 것이다. 「폐지에 서서」, 「그믐밤」, 「산야의 누한」이 읽히고 「조선 청년의 노래」는 가사 작사를 한 것으로 읽힌다. 불교 강원에 다니던 시기이므로 「悟道歌」라는 불교 찬불의 세계를 노래하고 있는 것은 이상한 일이 아니라 하겠다.

허창호 시집 제7권 '낫과 괭이'(22세-27세)에는 시조, 민요, 동요, 작사 등이 실려 있다. 그중 「松花節」이 단단한 산협촌의 계절 풍경이 잘 그려져 있다.

> 송화 향기 후군한 산협촌
> 뻐꾹은 골 깊이 앉아 채스러 울고
>
> 이사 온 새악시 물 길으는 시내엔
> 엉금 엉금 기는 가재가 일을 품어

돌배 아가배 산뻔 살구가 열었거니
마을 아이들이란 찌레 찌레 뭉치고

감자밭 북 치던 노인은
햇벌 나가는 곳을 유심히 본다
―「松花節」전문

소나무꽃이 피는 산골의 계절을 사는 사람의 복명서 같다고나 할까. 뻐꾸기 울고 시내에 가재가 알을 품고 돌배 아가배 산버찌 열리고 북 치던 노인은 햇벌 나가는 곳 유심히 보는 풍경이다. 여기다 새악시 물 길으는 것과 아이들 찌레 찌레 뭉치고와 북 치던 노인이 개입하고 있어서 은밀한 시선이 다 모이고 있음을 본다. 힘이 있는 남자의 눈만 배제된 산협은 송화가루만으로도 골짜기의 내밀함이 향기로 얼켜든다는 것이다. 은근과 보다 신비스러움의 충만이 이루어지고 있어 보인다.

　허민의 시적 기량이 집중적으로 드러나는 육필시집은 『詩集 NO. 8』(1940-1941)로서 시인이 27세 28세 연간에 쓴 작품들이 적혀져 있는 시집이다. 시인이 29세에 생애를 마감했으니까 이 시기는 생애 종반부를 이룬다. 이때의 시 중에《문장》지 등단작인「夜山路」가 있고「山獵記」,「山城」,「南方山골에서」,「안개 속에서」,「복분자」,「省墓」등 수작들이 시인의 절정기를 수놓아 준다.

해인사

산성(山城)으로 산성으로 길을 찾아 오르면
먼 데 들에서 들려오는 풍물소리가 있어

귓전이 붉도록 고함(高喊)을 질러서
외로이 나는 솔개를 손들어 불러보고

가슴을 드나드는 하늬바람아 너에게
머언 삼국(三國)의 흥망(興亡)을 피리불어 전(傳)하겠니

흘러가라 세월(歲月)아 흘러가라 영화(榮華)야
히말라야야 울려라 울려라 태평양(太平洋)아

창검(槍劍)이 번적이는 성두(城頭) 높이 자청색(紫靑色) 깃(旗)발
양양한 각적(角笛) 돌진(突進)의 말굽 사랑하는 것을 위(爲)하야

3. 1930년대 진주문인

피 서린 효곡(嚎哭)소리 연봉(連峯)마다 뭉서려 나면
오호 천지(天地)는 낙화(洛花) 낙화절(落花節) 오월(五月) 두견(杜鵑) 우는 밤

울고 갔느냐 원통히 패망(敗亡)의 혼(魂)아
웃고 갔느냐 장(壯)하게 개선(凱旋)의 북아

산성으로 산성으로 무너진 길을 돌아나며
애절히 애절히 단소(短簫) 소리에 젖어
―「山城」전문

  최고의 기상과 효곡이 교차하는 패망과 개선이 점철되는 민족의 혼, 혼을 울부짖는 시다.

  풍물소리로 시작하여 단소소리로 젖는 애절한 정서가 육성에 가 닿는다. 산성을 돌면서 어찌 이런 지나간 시절의 피리와 각적으로 깃발과 낙화의 교차점에 서 있을 수 있을까? 시인은 이쯤에서 30년대 미당이 갖는 육성의 몸부림에 얼켜들고 있음이 놀랍다. 시인은 산성의 둘레길을 오르며 지나간 역사의 돌진과 울음 우는 두견을 현상해 내는 상상의 성두에까지 이른 것이다. 가야산 산골의 산성에서 일상으로 접하는 애환을 민족단위로 끌어올리는 단계로 진입한 작품으로 읽히는 시다.

  허민의 시는 육필시집에 실려 있는 대로 17세때부터 29세에 이르는 12년간의 노작을 보여주었다. 시를 놓고 말한다면 일단 "북에 윤동주,

남에 허민"이라 할 수 있을 것이다. 두 시인의 공통점은 일제 강점 시절 요절했다는 점, 생활 언어와 민족의식에 충실했다는 점 등에 있지 않을까 한다. 두 사람이 접근했던 종교는 기독교와 불교라는 점에 다르지만 어쨌든 곤핍했던 시대를 문학이라는 횃불로 버티어 가고자 한 지향이 탐스럽고 자랑스러운 것이 아닐까 한다.

허민의 소설은 편수가 많지 않지만 결코 시 장르에 못지 않다는 점에서 주목에 값한다. 허민은 시 밖에 소설 4편, 동화 2편, 산문 7편을 남겼는데 소설에서 스스로의 역량을 띄워 올린 것으로 읽힌다. 1936년 23세 시절 《매일신문》에 단편 「九龍山」, 1937년 《경남평론》에 단편 「射場」, 같은 지면 단편 「엄마」, 1938년 《중앙시보》에 단편 「석이」, 1941년 《문장》에 단편 「魚山琴」 등 4편이 기록된다.

「九龍山」은 허민이 출생한 곤양면이나 15세 이후 살았던 가야산 언저리에는 실제로 존재하지 않는 가상의 산이다. 그러나 잣농사라든가 숯굴에 종사하는 일이라든가 참봉댁이라든가 접장네 일이라든가 사냥하는 일이라든가 산제(山祭)를 지내는 일이라든가 하는 것들은 깊은 산골에서는 흔히 볼 수 있거나 들을 수 있는 일상적인 일에 속한다. 어느 두 대목을 잘라서 보기로 한다.

*장자골에는 흉년도 자질다.
칡뿌리 죽실(竹實)이 없어지면 솔잎을 후리고 송구도 베껴 먹는다. 하

기야 신선의 음식이니 별천지 음식(이 말은 접장의 말이란다)이니 하나 기실은 죽지 못해 하는 수작들이다.

　감자톨이라도 있는 사람이라곤 칠십호 중에서도 대여섯 집밖에 없다 한다. 이러니 자연 용쏘에 빠진 귀신이나 덤에서 떨어진 귀신이 허다분하고 여기보다 더 깊숙한 데나 혹은 세간을 다 팔고 만주나 북간도로 봇짐에다 바가지 달고 떠나는 사람놈 아닌 놈(이 말은 이 참봉이 한 말이다)도 있다.

　*이러기 전 점세는 여전히 숯굴 근처에서 도끼질을 하며 노래를 부른다. 사흘 전 숯을 내고 어제 저녁에사 불을 질렀다. 숯굴엔 검은 연기가 뭉떵 뭉떵 핀다.
　"구룡산 넘어서 가신 님은 새 담뱃대 엿 사도 오지 않소 아리롱 아리롱 아라리요. 음지 밭이 꽃이 언재나 피노."
　그는 다시 소리를 높여
　"저 산이 고와도 내 산인가 이 들이 옥톤들 내 들인가 아리롱 아리롱 아라리요 모중방 구석엔 꿈도 섧다."

슬픈 멜로디는 마을까지 들리는 듯 청아하고 음률이 세었다.

구룡산 깊숙한 데 자리한 장자골에 사는 사람들 집은 70호 남짓이지만 지지리도 가난 속에서 산다. 칡뿌리와 죽실에 솔잎을 우려먹고 송구를 벗겨 먹기 일쑤다. 감자톨이라도 있는 집은 극소수 집에 불과하다. 그리하여 목숨을 스스로 끊는 사람이 허다하고 아니면 막판에 만주나 북간도로 살길을 찾아 떠나는 것이다. 이런 상황을 설명이라도

하는 듯 숯굴의 점세는 노래가락에 애환을 달랜다. "저 산이 고와도 내 산인가 이 들이 옥톤들 내 들인가 아리롱 아리롱 아라리요"라 처연한 가락에 취한다. 가진 것 없는 백성이 내 산, 내 땅에 대해 의식하기 시작하는 대목이다. 일제하 민족이 처한 현실이 궁핍의 극에 달하고 그 현실에 내재한 모순을 이제 대립적 구체성으로 느끼는 단계로 작가는 바라보기 시작하는 것이다.

작가는 이 작품의 마무리 부분에서 전팔이가 죽은 자식을 안고 "내 너를 어이 이 찬 땅에 묻겠노" 탄식하게 하고 노근이가 죽은 동생을 향해 "내 네 원수 갚아 줄게. 네 원수 내 안다. 내 갚아 줄게이"하고 다지게 한다. 이 작품의 주제는 "가진 것 없는 산골 마을 사람들의 애환과 가진 자의 횡포"이지만 그 속에 흐르는 사상에는 이미 변혁의 물꼬가 틔고 있음을 감지할 수 있다.

허민은 1941년 27세에 소설 「魚山琴」이 이태준의 추천으로 《문장》지에 실리게 된다. 23세 때 《매일신보》에 「九龍山」이 등단의 테잎을 끊은 것으로 치면 4년 후 든든한 지면으로 다시 재등단이라는 절차를 밟은 것이다. 「어산금」은 하나의 예술소설로 국악 분야의 전문성과 거기 따른 악기 제작의 실제와 이론의 유형화라는 보다 차원 높은 세계를 보여준다.

줄거리는 다음과 같다.

어느날 기생 향주는 스승 소리꾼 곡정의 유언을 실현하기 위해 곡정의 딸 설분을 데리고 큰절의 암자로 들어온다. 향주는 정행을 스승으로 보살계를 받았고 설분은 다른 스님 밑으로 낙발을 했다. 향주는 여기서 다섯 해를 지내며 조선의 풍류와 아악, 거문고의 창조법(唱調法), 탄율법(彈律法)에 대해 전승과 창조에 이어지는 감응과 체현을 새로이 구현해 갔다.

스승 곡정은 자기 뜻을 이어달라는 부탁과 그러려면 진애의 환경을 벗어나 산중에 가서 예술적 권능을 깨닫고 몸으로 이행하는 것이 필수라는 점을 강조했다. 이에 따라 향주는 아름드리 서나무에 기대 세심동 그늘 맑은 물밑을 굽어보면서 영감을 받는다. 고기의 몸짓따라 저도 모르는 창조(唱調)가 흐르고 바르고 달아나고 불끈 솟구치고 휙 감아돌고 율은 음을 사귀고 음은 율을 낚아 야릿 야릿 구비를 넘는다.

그날밤 향주는 촛불 앞에서 화선지에다 고기 모형을 그렸다. 그가 받은 영감이란 어형(魚形)을 악기체로 하고 그 울리는 바 소리를 고기의 율동에 견준다면 스승이 설파한 삼성을 거기서 포착할 수 있다는 결론을 얻었다. '삼성'은 희성(喜性), 비성(悲性), 묵성(黙性-和性)을 말하는 것인데 양편에 희성선 비성선을 긋고 가운데에 묵성선을 두는 것으로 그것이 악기(거문고)의 중심이 되게 하는 것이다. 고기의 부위로 머리, 눈, 등, 배, 꼬리로 율동의 의미를 부가했다.

악기 '어산금(魚山琴)'을 풀면 '어'는 동(動), 정(情), 촉(觸)이고 '산'은 묵(黙)이요 抱요 感이 된다. 마지막으로 향주는 어산금 높이를 반 뼘, 길이를 석 자쯤으로 설계를 하고 오동나무를 마련하여 진흙에 묻어 명년 봄을 기약하는 것이었다. 그리하여 향주는 스승이 준 과제를 완성하여 딸과 함께 고향으로 돌아갔다. 보살계를 준 정행이 죽은 지 한 달 후였다.

이 소설의 어산금 설계와 예술세계의 보존과 실현이라는 과제는 작가의 자전적 체험이 얼마나 깊이 녹아든 것인지는 분별하기가 쉽지 않다. 그만큼 소설의 보편적 구도 속에서 살려낼 수가 있었던 내용인지 비평적 잣대로 점검해 보아야 할 필요를 느낀다. 그렇다 하더라도 허민의 「어산금」은 불교적 삶과 예술적 삶의 세계를 하나의 자장 안으로 끌어들였다는 점에서 회심의 문제작이 아닐 수 없다 하겠다.

4) 아나키즘 운동과 이경순

이경순은 1905년 진주시 명석면 외율리에서 태어나 일찍이 결혼했으나 3.1운동 이후 긴 머리를 자르고 일본으로 건너갔다. 그때가 1921년(17세)이었다. 동경 사립 주계상업학교를 졸업(1924)하고, 일본대학 전문학부 경제과를 중퇴(1927)했다

시인 이경순

그때부터 그는 문학을 하기 위한 전단계로 자유스런 정신 상황을 이루어야 한다는 신념으로 사상단체 흑우회(黑友會)에 들어가 활동했다. 이민족의 지배에 압박당하고 있는 사람으로서는 차라리 반항을 택하는 것이 옳다는 것이었다. 당시 동경에 소재한 흑우회는 일본에 거류한 한국인 아나키스트(무정부주의) 사상운동을 하는 단체였다. 그 사상을 상징해서 운동하는 사람들이 흑우라 호칭한 것이며 검은 빛깔은 변치 않는 것이고 순수하고 철저하고 유현하다는 것이 매력이었다. 그 클럽에는 박열, 정태성, 장상중, 최규중, 정찬진 등이 있었고 회관을 나가사끼로 옮겼을 때는 극작가 유치진, 연출가 허남실 등도 동조했다.

이경순은 아나키즘을 비약한 니힐리스트의 허무를 사색했다고 논한 바 있다. 여기서 '허무는 창조요 환상은 실존의 가능'이라고 본 것이다. 이경순은 그 운동은 코뮤니즘과는 달리 강권과 법적 강제에 반대하는 것임을 인식했지만 동경 경시청에서는 특별고등계에 볼계(볼셰비키계)와 아나계(아나키즘계)를 두고 싸잡아 단속했다. 당시 아나계 평론가는 "문예는 정치에 선구한다."고 주장했고 문예와 자유의 사상에 열렬히 동조함을 강조했는데 이로써 아나계는 민족적 울분을 간접적으로 토한 것이었다.

그 무렵 이경순은 경시청 검속을 피해 귀국해 있을 때 이른바 '진주아나사건'이 발생했다. 1928년 12월 24일자 《동아일보》는 〈무정부주

청곡사

의 세 피고 공판, 18일 진주지청에서〉라는 표제 아래 다음과 같은 기사를 게재했다. "연전에 일세의 이목을 놀라게 한 박열(朴烈)사건에 관련되었던 단천 태생 정태성(28세)이 진주 출생 이경순(23세), 홍두표(23세)와 진양군 금산면 청곡사에서 11월경까지 머물러 있으면서 여러 가지 주의 서적을 읽은 일이 있었는데 진주경찰서에서는 그들 사이에 무슨 비밀결사나 성립되지 않았나 하는 의심으로 검거에 착수, 전기 세 명을 검속한 이래 취조 후 검사국을 거쳐 지난 18일 오후 4시 20분에 부산지방법원 진주지원에서 개정되었다. 12월 20일의 공판에서 검사는 치안유지법을 적용하여 각각 1년형을 구형했고 21일 공판에서 증거 불충분으로 무죄 판결되었다."

다시 이경순은 일본으로 건너가 자유의 대열에 합류하여 1930년대 내내 대열에 이탈하지 않았다. 검은 넥타이에 장발머리, 자유의 깃발을 높이 들고 메이데이 행렬을 채웠다. "우리에게 자유가 없을진댄 차라리 분묘를 택할지라. 재산은 도탈품(盜奪品)이요, 강권(强權)은 학살력(虐殺力)이다." 일본의 심장부 동경거리가 꺼지도록 함성을 올렸고 기염을 토했다. 그때 일본 동지들과 연합체 '흑색청년연맹', '자유연합'과 교류하고 있었으며 그 동지들이 거의 학자와 문인이었고 문예평론지 《흑색전선》, 《니힐》등 사상지를 연대 집필하기도 했다. 《니힐》은 지상의 일체의 것을 부정하고 우상파괴라는 사회운동으로 일관했다.

이경순은 도시의 변방 신주꾸 뒷골목 선술집에서 때묻고 낡은 각대를 매고 구멍난 책보따리를 기울어진 술상 앞에 놓고 값싼 소주를 반쯤 마시고 퉁소를 한 번 불고 소설가이자 영문학자인 다다이스트 쓰지준을 대면했다. 일본에서 처음 다다이즘을 주장한 문인이었다. 그의 제자에 시인 고교신길이 있었다. 쓰지준은 휘파람으로 〈지고이네르바이젠〉(유랑의 백성)을 불었고 이경순은 화답으로 〈아리랑〉을 불렀다. 그때 쓰지준은 말하기를 의미는 모르겠으나 곡이 역시 '유랑민의 애조'라고 〈아리랑〉을 평했다. 당시 이경순은 시인 북원백추(北原白秋)를 만나 시에 관한 담소를 나누기도 했는데 그는 한국사람 김소운(시인, 수필가)을 천거하며 만나보라고 권했다. 당시 김소운은 일본에서 일본 동해도 길을 대판에서 동경까지 도보로 무전여행을 하는 기인이었다.

　그런데 이경순에게는 일본 전역에서 부는 징용 바람이 추구해온 정신운동을 압박했으므로 이를 피하는 방도를 찾았다. 대학의 자연과학 계열의 재학생에게는 징용을 부과하지 않았던 틈을 찾아낸 것이다. 1940년 일본 포화시(浦和市)에 있는 경북치과의학교(京北齒科醫學校)에 입학했다. 정말 치과의사가 되기 위한 입학이 아니었다. 그런데 1945년 광복이 되어 귀국했지만 기다리던 문학에의 길이 보이기 시작했고 치과 개업은 본시 뜻대로 징용 기피의 방편이라는 사실을 확인하고는 개업을 위한 치과 의료기와 서적들을 진주의 후배들에게 나누어 주었다. 그런 뒤 1946년 그는 진주농림학교 교사가 되면서 치과의의 꿈은 온전히 버려버린 것이다.

　이경순은 '선인생-후문학', 즉 후문학의 길을 걸었다. 필자는 먼저 많은 인생적 체험을 겪은 뒤에 이를 바탕으로 문학 창작의 길을 시작하는 이른바 늦깎이 문인들을 '후문학파'라는 이름을 주었다. 이 후문학파의 대표적인 시인을 이경순으로 본 것이다. 이경순은 1921년 일본 유학을 떠나 아나키즘 운동으로 일관한 세월이 거의 20여 년이었다.

　그런 뒤 광복을 맞이하여 1945년 이후 문학 창작의 길을 찾아들기 시작한 것이다. 이 부분은 광복 후의 진주문학에서 다루어 볼 것이다.

5) 일제하 문인 저항운동의 숨결과 작품들

1930년대 봉명산 다솔사 주지로 있던 최범술의 주선으로 만해 한용운이 주도한 지하독립 결사체 만당(卍黨)이 조직되었다. 김동리의 맏형 김범부와 김법린, 최범술 등이 기간 요원으로 이루어졌는데 김동리의 작가생활은 이러한 배경이 든든히 받쳐주었기 때문에 큰 고민없이 나름대로의 문학적 주체의식을 지닐 수 있었다. 아울러 진주지역의 문인들도 김동리가 가지는 내재적 저항의 숨결을 아우르게 된 것으로 볼 수 있다.

시인 한용운

이런 배경 이전인 1920-30년대에는 시잡지 《신시단》의 창간과 그 후속에서 이어진 저항의 고삐는 이전의 어떤 지역에서도 찾아볼 수 없는 상황을 만들어내고 있었다. 발행인 신명균, 인쇄인 강주수가 이름으로 올려 놓았고 창간호가 원고 내용에 따라 허가가 되지 않는 비상한 처지에 놓였다. 편집자는 김병호(시인), 김찬성, 엄흥섭(소설가) 세 사람이었고, 김병호의 편집후기는 삭제되었고, 김찬성은 후기에서 창간호 불허는 우리나라에서는 처음 있는 일이라고 하고 전국적 관심이 컸다고 했다. 엄흥섭은 잡지의 경영난, 검열난, 원고난 이 세 가지의 난점을 지적하고 많은 도움을 청한다고 피력했다. 어쨌거나 창간호를 삭제된 부분을 그대로 비워두고 임시호로 낸 것이라 밝혀 잡지 발행 자체를 일제에의 저항수단으로 삼은 것이 대단하다는 느낌을 주었다.

《신시단》에 실린 시편 중에서 저항시로 읽히는 시로 엄흥섭, 김병호 소용수 등의 작품을 거론할 수 있다. "산 천리 물 천리 산수 2천리/ 가신 님 언제나 도라오려나/ 님따라 못가는 애꾸진 신세/ 오늘도 달 아래 눈물집니다"(엄흥섭「산 천리 물 천리」) 전체 3련중 첫1련이다. "감옥소 울타리를 고히 넘어서/ 복사꽃 한 가지가 곱게 피었네/ 입살에 눈물 머금고 빨간 빗 내며/ 널븐 천지에 머래 숙여 외롭기도 하건만/ 간수가 무서워 꺾지도 못했네"(소용수「보가꽃」)

이 작품들 밖에 이근파의「주검의 꽃」, 변추풍의 삭제된 시, 이찬의「봄은 간다」등이 저항의 숨겨진 주제를 보여주고 있다.

김병호의 개별시로는「조선아」, 허민의 개별시로는「어머니에게」등이 잃어버린 조국에 대한 회복의 의지를 보여주는 시편으로 기록해 둘 만하다. 거기에다 1920년대 내내 이경순은 동경 한복판에서 흑우연맹으로 나라구출의 정신을 가열차게 현양해 갔던 일은 반드시 기록해 두어야 할 역사적 사실이라 할 것이다. 비록 이경순의 연맹운동이 작품 중심의 실천운동이 아니었다 하더라도 문예정신적 이행이라는 점에서 과거에 없던 투쟁 방식으로 이해할 수 있지 않을까 한다.

4.
1940년대 진주문인

1) 전반기(1940-1944)

광복 직전 공간은 태풍 전야이거나 잠정기, 여명기로서의 옅은 어둠이 감도는 시기였다. 이 시기는 1940년대 전반기이다. 설창수(1916-1998) 시인은 1930년대 말에 일본에 건너가 고학의 고된 길을 걷는다. 1939년 교토 입명관대학 예과 야간부에 입학하여 아르바이트로 화력발전소 노동일을 하고 1년 후 동경으로 나가서 일본대학예술학원 전문부 창작과에 입학했다. 여기서 한국 유학생 4명과 일본

설창수 흉상
(진주 강남동 소재)

유학생 4명 도합 8명이 〈화요그룹〉을 이루어 창작에 열을 올렸는데 이때 소설과 시를 쓰던 김보성을 만났다. 시를 습작하며 일본의 작가, 철학자, 심리학자 등과 공개토론에 열을 올리고 일문시「夜百篇」을 썼다.

북구주의 저수지 공사장에서 일하던 겨울방학 때 파견 형사대에 연행되어 부관 연락선으로 부산에 압송, 경남경찰부 감방에 수감되었다.(1941.12.31.) 법정 심문에서 "폐하의 적자로서 웬 불충사상이냐?"하기에 "정치란 문학적 사고방식과는 다른 법이라 생각한다. 우리가 조선 사람인데 어찌 일본인이 될 수 있겠는가?" 공방 끝에 2년 언도를 받고 항소를 포기했다.

1944년 만기 출옥한 부산 형무소 철문 밖에는 두 누님과 아우 익수, 약혼녀 김보성이 기다리고 있었다. 그해 4월 2일 진주와 공주 사이 대구에서 소설가 김보성과 결혼식을 올렸다.

설창수의 진주농업학교 후배인 이병주(1921-1992)는 하동군 북천면에서 태어나 1940년 진주공립농업학교를 졸업했다. 1943년 일본 메이지대학 전문부 문예과를 졸업하고 1944년 학병으로 동원되어 중국 쑤지우(蘇州)에서 지냈다. 이때의 병졸(기마를 관리하는 병사)체험은 말로써 형언하기 어려운 능욕의 시간들이었고 제대 후에도 그 노예적 체험은 일생의 수치감으로 씻기지 않는 깊은 상처로 남았다. 이후 이병주는 6.25시절의 좌우익 공간 체험, 5.16이후의 국제신문 필화사건과 수감

2년 7개월 체험 등이 후문학파 문인이 갖는 '선인생'이 되었다.

2) 후반기(1945-1949)

진주문인의 광복은 여러 갈래로 축하의 일들이 거듭되었다. 이는 거의 설창수의 정열과 비전과 능력에 의존하는 것이라 하여도 과언이 아니다. 그것은 첫째 연극운동으로서의 광복 기리기, 둘째《경남일보》 창간기자, 주필로서 사설 집필 등 언론 활동으로 기리기, 셋째 진주시인협회 조직 등 문단 조직 구성과 문학지 발간으로서 기리기, 넷째 문학인 주축의 영남예술제(개천예술제) 창제로서 기리기 등을 꼽을 수 있다.

설창수는 담론가요 웅변가다. 그리고 극작가, 연출인, 배우로 나서기를 꺼려하지 않았다. 그는 1946년《경남일보》주최 전재 귀환 동포를 위해 운다는 농민극「동백꽃 다시 필 때」를 원작, 주연, 총지휘 순회공연을 감행했다. 진주극장, 삼천포극장, 사천극장, 의령 공회당 등이 무대였다. 광복은 일제에 조국의 하늘을 빼앗겼던 이들로서는 함성으로 예술적 난장으로서의 무대가 필요했다. 쓰고 발표하고 쓰고 발표하고 닥치는 대로 자기를 드러내는 일이 급했다.

백상현 시집(1955년)

설창수는 1947년 2월 진주시인협회 창립회장이 되어 시지《등불》 1집을 발간했다. 이 1집은 유인물로 나온 것이고 책 자체의 모습이 남아 있지 않아 아쉽다.《등불》2집은 설창수의 시「백팔의 한」,「봉덕종」,「창명」,「태동의 시」등이 발표되었고 백상현의 시「침체의 극치에서」,「상장이 있는 풍경」, 노영란의 시「나의 왕이여」, 정종택의 시「삼제 인과:단 한 마리의 몹시 우는 새」, 홍영표의 시「매화꽃」, 백성기의 시「비애의 부」, 김이화의 시「춘수」, 정혜자의 시「임종을 지키다」, 정병문의 시「수선화」, 김성희의 시「소녀의 꿈」, 김동렬의 시「崩動」, 이경순의 시「백합화」등이 실렸다. 기고시에 유치환의「부산도」, 김광섭의「저녁」, 조향의「사후란의 노래」,「병아리」, 시조에 정엽, 박기수 등의 작품이 선보였다.

진주시인협회의 기간 멤버는 설창수, 백상현, 이경순, 노영란, 김동렬 등이고 외부 멤버로 김광섭, 유치환, 조향 등인데 조향은 출향시인이고 김광섭은 설창수와의 인연이고 유치환은 이웃 통영의 시인이라는 점에서 기고를 해온 것이었다. 그런데《등불》은 4집까지 나오고 5집부터는 진주시인협회가 발전적으로 해체되고 영남문학회로 확충 개편되면서 좁은 의미의 동인지에서 전국권 동인지로 발간되었다. 유치환, 박목월, 이경순, 설창수, 백상현, 최계락, 이정호, 구상, 이해문, 정종택, 김동렬, 박노석, 노영란, 김보성, 김달진, 조향, 김춘수, 조지

훈, 이윤수 등이 필진으로 당당한 문학지 모습을 갖추었다.

이후 제8집(1949)까지 김상옥(시조), 이영도(시조), 조연현(평론), 박두진, 홍두표, 김세익, 박화목, 김달진, 박목월, 조영암, 정훈, 공중인, 김요섭, 이호우, 고두동, 최태응, 임옥인 등 전국권 필진으로 확대 일로에 있었다.

1940년대 후반의 진주문단은 《영문》으로의 외연으로 제2의 한국문단을 이루고 있었다고 할 수 있다.

3) 설창수, 이경순, 조진대의 『삼인집』

이 시문집에는 설창수의 '개폐교', 이경순의 '생명부', 조진대의 창작집 '별빛과 더불어'를 실었다. 설창수의 시 가운데「민족의 바다」가 눈에 든다.

> 일체가 아름다워라
> 찢어봤자 형제
> 썹은들 자매
>
> 천만 천만 삼천만
> 은실 금실 계류는 흘러간다
> 암벽에 부딪쳐 가루나도
> 다시 모여 청담이여라
>
> —「민족의 바다」에서

따옴시는 제목이 암시하는 대로 민족이라는 한 공동체의 절대함을 노래했다. 민족에게는 반만 년 역사도 하나이고 삼천만 겨레로서 하나이고 삼천리 국토도 하나이다. 광복 이후의 좌우갈등이나 온갖 의견들의 대립과 입장의 상반이 아무리 심각한 것이라 할지라도 민족은 하나로 있을 수밖에 없는 것임을 확인해 놓고 있다.

이경순은 「아메바가 B29를 조종할 때」가 인상적인 시로써 여타의 시인의 시와 구별된다. 생물학과 문명과 전쟁을 복합적으로 투영하는 모더니즘의 앞서가는 경지를 보여준다.

이경순 시비
(진주 강남동 소재)

-역도 또한 진이라면-

아메바가 B29를 조종하고
하늘로 향하여 지구를 떠날 때
인간의 일군은
다시 지중으로 기어 들어갔다

-신은 잠쟀나-

―「아메바가 B29를 조종할 때」에서

이 시는 부정정신의 현실을 역설적으로 표현하고 있다. 이경순은 20여 년 일본에서 아나키즘 운동을 벌였고 이를 바탕으로 이루어지거나 전이된 상태의 형상화를 보이는, 문명비판적 세계에 침윤되고 있다. 그는 아나키즘 유파들 중 일부가 답습하는 사회주의적 세계에서는 등을 돌리고 원초적인 생물적 퇴행과 허무의 정신을 시로써 각인하는 것이다. 이로써 이경순은 선인생의 경험에 부응하는 후문학의 틀을 형성하기에 이른 것이다.

조진대(1920-1967)는 함안 태생으로《영문》과《문예》에 소설을 다수 발표했다.『삼인집』을 낼 무렵에는 진교중학교 국어교사였다. 이 지면에 실린「六.二五」의 한 부분을 본다.

> 칠월 이십칠일이다. 진주가 텅 비는 날이었다. 우리는 문산 댓골이라는 곳으로 짐을 옮기는 판이었다. 진주를 떠나 문산 가도를 가면 고개 마루가 있고 그 고개 마루 왼켠으로 과수원이 즐비해 있다. 우리가 여기에 이르렀을 때 많은 피란민들이 그늘 밑에 앉아서 땀을 녹이고 있었다.
> "아무리 난리 판이기로 네 것 내 것이 없단 말인가. 미쳐서 환장한 놈들 같으니…."
> 이렇게 주인이 악을 쓰면,
> "그런 거 두면 괴뢰군들이 다 따먹지라우"
> 하는 전라도 사투리가 되려 골을 올렸다. 과수원 구석 구석에서는 킬킬거리고 한 오큼 따서 비탈을 나려오는 놈, 비탈을 타오르는 놈, 나중에는 계집들까지 한 뭉치가 되어 재작을 부렸다.
> 마치 그조그마한 과수원이 우리나라의 어지러운 형편의 축도같은 느낌이었다.
>
> ―「六.二五」에서

이 소설은 전쟁기 진주 인근의 상황을 리얼하게 그려내고 있다. 전쟁 상황은 질서나 윤리나 비전이 뭉개지고 자기 입장만이 존재하는 지극한 혼란상 자체이다. 전후가 전후의 궁핍과 이데올로기적 상흔을 드러내는 것처럼 전쟁기는 그 모순이 모순 자체로 엉겨서 굴러가고 있는 중이다.

이 『삼인집』은 민족의 절대한 상황과 그 모순과 혼란이라는 세계를 그려내는 작품집으로 동인지가 동인지로서의 거점을 확보하고 있다고 이야기할 수 있겠다.

4) 평론가 정태용의 활약

평론가 정태용

정태용(鄭泰榕, 1919-1972)은 진양군 대평면 출신으로 진주농림학교와 혜화전문을 졸업했다. 김용호 등과 '예술부락' 동인으로 문단생활을 시작했다. 동국대학교 도서관에 근무했고 서라벌예대와 숙명여대 강사를 지냈다. 저서에 『한국현대시인연구』[13]가 있다. 이 저서의 〈서문〉은 그의 친구 조연현이 썼고 〈현대시인론〉에는 육당과 춘원, 주요한론, 오상순론, 한용운론, 이상화론,

---

13) 정태용, 『한국현대시인연구』, 어문각, 1976

양주동론, 이장희론, 김동환론 등 32명의 시인론이 등장하고 〈문학평론〉에는 현대와 휴머니즘, 비평문학론 등이 실려 있다.

"나 자신은 문학작품에서 순수성이라고 할 때에는 대체로 그 내용보다는 형상미에 대한 우월성을 말하는 것이요 내용에 대하여 쓰일 적에는 그 문학의 사상이나 행동이 정치적 사회적인 특정의 목적을 위하여 수단이나 도구가 되지 않았다는 정도의 의미이거나 때로는 사상성이나 내용의 빈곤에 대해서 역설적인 온건한 비난의 소리로 들어도 좋을 것이라 생각하고 있다. 그러나 여하한 문학작품이든 간에 직접적 의식적은 아닐지라도 결국은 정치적 사회적 목적에 기여되지 않는 사실은 없다는 것은 믿어도 좋을 것이다. 그것은 사회적 정치적 경제적 철학적 문학적인 온갖 일이 결국은 인간을 옳고 보다 나은 생활에로 이끌어 간다는 공동의 목적을 수행하는 방법의 차이일 뿐이기 때문이다." (「순수문학론」에서)

정태용은 문학에서 순수성은 내용보다는 형상미를, 내용이라 하더라도 정치 사회적 수단이나 도구로 쓰이는 것은 바람직하지 않다는 주장이다. 그는 비평을 통해 한국적인 것, 민족적인 것, 전통적인 것에 우선하는 지향을 보이는데 거기다 비도구, 비수단, 형상미 쪽에 기울어지는 것을 보면 비평이 반이념에 발을 들여놓는 것이라야 함을 강조하고 있다 할 것이다. 그러므로 그가 말하는 한국적 전통적 민족적인 것이 이데올로기까지 가는 것이기보다는 보다 정서적인 데 머무는 것임을 알 수가 있다.

5.
1950년대 진주문인

1) 전후를 관통하는 전국 유일의 동인문예지 《영문》

1950년대는 1940년대 후반의 연속선상에 있다. 진주의 문학 동인지는 다음과 같은 순서를 거친다.

1 《등불》[*](1946, 진주시협 결성)

2 《등불 2》(1947, 대표 백상현)

3 《등불 3》(1947, 대표 설창수)

4 《등불 4》(1947, 대표 설창수, 진주시협 해체)

5 《영남문학》(1947, 영남문학회 설창수)

*6집부터 8집까지 1940년대 발간, *9집부터 18집까지 50년대 발간

1940년대 《영문》은 총 8집이 발간되었고 1950년대 《영문》은 총 10집이 발간되었다. 마지막 두 권의 대표와 주간이 분리되어 발간되었는데 대표에 설창수, 주간에 이경순이 그것이다. 영문을 통해 전국 유일의 지역지에 신인추천제도를 마련했는데, 등장한 시인으로 최재호, 이창호, 조인영, 문의식, 이덕, 조종만,

시조시인 최재호

최용호, 이월수, 박민기(수필), 박용수, 변학규, 최광호 등을 기억할 수 있다. 최재호는 시조집 『비취단장』을 발간했고 시조 「토함산」이 이수인 작곡으로 명가곡으로 불리는 유명세를 탔다. 최용호는 시인으로서 개천예술제와 유등축제를 세계화시키는 데 공헌을 했고, 박용수는 서울로 가서 우리말 사전 편찬에 매진하여 『우리말 역순사전』, 『우리말 갈래사전』을 펴내고 사전의 전산화 작업에 향도역을 맡았다.

2) 늘어나는 동인 그룹

《영문》이 발간되는 중에도 다른 동인활동이 이어지고 있음은 진주만의 현상이라 할 것이다. 1950년 12월에 《군상》이 발간되는데 이창호, 김동일, 김재섭 등에 의해 3집까지 발간되었다. 김재섭은 후에 『보건세계』 편집자로 활동하면서 한국의 문단추천제도를 거부하는 자세

를 취해 한국의 '앙띠빵땅'이라는 이름을 얻었다.

이 시기 고등학생 동인그룹으로《시부락》이 생겼는데 설창수 시인이 동인 이름으로 내놓은 〈시부락〉, 〈청천〉 중에《시부락》을 선택했다. 허유, 성종화, 정재필 등이 규합되었다. 1957년에는 진주시내 고등학교 연합회 성격을 띤《청천》이 생겨 5집까지 발간되었고 같은 해《영화》라는 동인지도 발간되어 3집까지 나왔다. 개천예술제 학생 백일장이 전국적으로 명성을 떨쳤는데 제1회에 이형기가 장원을 했고, 제2회는 송영택이, 제4회는 이상일이, 제5회는 정혜옥이 제6회는 성종화가 각각 장원을 차지했다. 이름을 올린 사람으로 박태문, 장승재, 신중신, 정운성, 박경용, 최용호, 서봉섭, 허일만, 신찬식 등을 꼽을 수 있다.

3) 최계락, 이형기, 조향, 정공채의 등장

1950년대 진주에서 네 사람의 문인이 등장하는 것은 주목할 만한 일이다. 네 사람 다 진주를 벗어나서 활동한다는 점을 양해할 필요가 있다. 최계락(1910-1970)은 진주시 지수면 승내리 태생으로 40년대 말 동시「수양들」이《소학생》지에 추천을 받아 등단했다.《경남일보》기자,《국제신문》기자를 지냈다. 최

최계락 시비
(진주 신안동 소재)

계락 동시의 원동력은 휴머니즘과 삶의 깊은 성찰을 보인다는 평가의 평이다. 이형기는 최 시인을 일러 시와 인간이 같다라고 했다.

이형기(1933-2005)는 1949년 제1회 개천예술제 백일장에서 장원을 하고 이어 《문예》지에 추천을 받아 등단했다. 그는 초기에는 전통서정을 이어 쓰다가 10여 년 지난 뒤부터 자기 갱신의 시학으로 존재나 허무의 자각으로 성장해갔다. 소멸의 철학, 생태적 자각 같은 의식 전화라는 경지를 높여 나간 것이다. 국내 시단의 맥을 이루는 시인으로 성장했다.

시인 이형기

조향(1917-1984)은 사천 태생이지만 진주중학을 다녔으므로 진주출신으로 본다. 대구사범 강습과를 거쳐 일본대학 예술학원을 수학했다. 동아대학 교수를 역임했다. 그는 후반기 동인으로 우리나라에서 가장 개성있는 시를 썼는데 그것은 슈르리얼리즘의 기법이었다. 1951년에 발표된 「바다의 층계」가 많이 알려져 있다. "낡은 아코데옹은 대화를 관뒀습니다/---이보세요/뽄뽄다리아/마주르카/디젤 엔진에 피는 들국화" 의미의 연결고리를 끊고 있다.

시인 조향

정공채(1934-2008)는 하동에서 출생하여 진주농림학교를 졸업했다. 1957년 《현대문학》을 통해 등단하고 MBC 프로듀서를 지내며 장시 「미8군의 차」를 발표하여 저항시인으로 매김되었다. 첫 시집에 『정공채 시집 있습니까』로 시문학상을 수상했다.

4) 대형작가 이병주의 등장

이병주는 1921년 하동 북천에서 태어났으나 진주농림학교를 졸업했고 그 학교의 교사가 되었고, 이어 진주농과대학 조교수와 해인대학의 교수를 역임한 진주 중심으로 활동한 소설가이므로 진주출신으로 본다. 더구나 하동은 진주목에 속한 것이니 더 설명을 요하지 않는다.

「그 테러리스트를 위한 만사」

그는 일본 메이지대학 전문부 문예과를 졸업했고 이어 와세다대학 불문과에 재학중일 때 학병으로 동원되어 중국 쑤우저에서 능욕의 노예, 적국의 말 먹이는 병졸을 체험했다. 그는 광복 후 교사, 교수, 언론계의 삶을 거쳐 작가로 생애의 전부를 바쳤다. 그는 1954년 《부산일보》에 「내일 없는 그날」을 연재함으로써 작가의 길을 걷게 된다. 사람에 따라서는 1965년 《세대》지에 낸 「소설

알렉산드리아」를 데뷔작으로 치기도 한다.

그는 학병시대의 그 노예적 굴욕체험을 씻어내기 위해 교사와 교수를 지냈지만 그것으로 씻기지 않았고 다음 언론계에 투신하여 이를 극복하고자 했으나 오히려 필화사건으로 징역 2년 7개월의 수감생활에 들고 말았다. 결국 그는 마지막으로 소설가를 선택하여 선인생에서 전반적으로 체험했던 굴욕과 이데올로기의 허무와 독재정권의 그 힘을 극복하는 데 주력하였다. 이로써 그는 선인생의 체험내용에 호응하는 후반인생의 문학을 치유의 방법으로 선택하여 어느 정도는 성공한 작가라 할 수 있게 되었다.[14]

그의 소설은 스케일이 세계적이고 전 역사적이고 광역적이라는 점에서 한국소설에서 일찍이 가지지 못했던 대하적 공간을 확보했던 것이다. 그리고 그의 소설에는 내면에 시가 흐르고 있음을 간과할 수 없다. 역사라는 스토리를 스토리로서는 풀고 내면에는 냇물 같은 생수 같은 시적 서정을 흐르게 하여 픽션적 미학을 견인했다.

5) 영남예술제와 그 이후의 극문학

진주의 극문학[15]은 광복기에 일어난 장르로서 영남예술제라는 국내 최초의 종합예술제가 생김으로써 그 빛을 띠기 시작했다. 진주에

---

14) 이병주, 『마술사/겨울밤』, 바이북스, 2001
15) 조웅래, 『진주연극사』, 한국연극협회 진주지부, 2002

서는 광복과 더불어 설창수 중심의 문화건설대가 설창수작 박오종 연출「젊은 계승자」(전3막)를 공연했고, 1946년 진주극문학연구회가 송영 작 이병주 연출「황혼」(전1막)을 공연했다.「젊은 계승자」공연에서 설창수는 극중 인물 손파성 역을 맡았는데 그의 호를 파성(巴城)이라고 하는 계기가 되었다. 극문학연구회 이병주는 이듬해 이병주 작 연출의 「流民」을 상연하여 인기를 모았다.

1949년 11월 3일 치러진 연극부 행사는 예술제 행사의 꽃이었다. 연일 지대한 관심 속에 극장이 초만원이었다. 당시 대중 오락의 절대 빈곤 속에 광복의 환희가 겹쳤던 탓이 아닐까 싶다. 함세덕 작 김경현 연출「추석」, 유치진 작 이성태 연출「조국」, 홍준 작 정연태 연출「산협의 사람들」, 김영수 작 손홍기 연출「혈맥」, 설창수 작 김상성 연출「삼장부락」, 무대예술 연구회 홍서해 작「청산리의 달」등이 공연되었다. 이중 우승은 진주사범의「혈맥」이 차지했다.

6.25전쟁기에는 그 생사를 넘나드는 전선에서도 불구하고 희곡이 씌어지고 무대가 관중 앞에 설치될 수 있었다는 것이 기적 같은 일이었다. 몇몇 전쟁기 부대를 살펴보자. '지리산지구 전투사령부' 별동부대가 먼저 눈에 띈다. 이 별동부대 정훈과 산하에 선무공작반이 조직되어 송태린, 하만구, 정인화, 강재식, 민인설, 김종규, 이금순 등이 참여한 가운데 송태린 작 하만구 연출「自首者」를 가지고 정훈과 소속

차모 중사 인솔하에 작전지구인 거창, 합천, 함양, 산청, 진양 등지를 순회공연하였다. 이 순연에 앞장 섰던 송태린(1928-1950)은 이해 6월 전쟁이 발발하자 국민보도연맹에 연좌되어 젊은 나이로 희생되었다.

전쟁이 시작된 1950년 8월 조웅대 작 「혈람 血嵐」(일명 피보라)공연은 사천 곤양 공연을 시발점으로 14일부터 16일까지 병화를 면한 진주여자중학교 강당에서 수복후 최초의 시민 및 군경위안으로 베풀어졌다. 해가 바뀌어 신년 벽두에 6.25의 쓰라린 아픔을 치유하는 선무 계몽극이 주류를 이루었다. 진주사범 연극부가 손억 작 연출 「魂」으로 문총구국대 진주지구 특별부 후원 아래 경남지방을 순회공연한 것을 비롯하여 청년방위대 14단 정훈공작대에서 하만구, 정경태 등이 주축이 되어 하계림 작 연출 「민족에 고함」을 가지고 서부경남 일대를 순회하였다.

그 후에 이루어지는 화랑청소년극장이 주목이 된다. 진주 농업학교에 주둔한 육군 11사단(사단장 최덕신) 9연대(연대장 오익경) 정훈실 소속 선무공작반이 결성되었는데 단원구성을 보면 최인현 대표, 조웅대 부대표 아래 단원으로 강명중, 이성태, 김민규, 김태봉, 민인설, 김석주, 김남순, 김석만 등 지역 연극인들과 무용인들, 그리고 소프라노 이경춘 등 호화진용을 갖추었다. 창단 기념작품으로 조웅대 각색 「白夜」로 4월-5월 제1차 순회공연을 마치고 이어 2차로 최인현 작 「밤은 지나고」

와「발자국을 따라」를 6월-7월 경남 중서부지방을 순회공연하였다.

진주연극 초창기인 1945년-1950년대 발표된 주요 작품들을 들어본다.

창작희곡: 이병주-「유민」, 손억-「세 동무」, 홍서해-「산협의 사람들」, 박두석-「김시민」,「진양성」,「은어」, 송태린-「자수자」, 김명영-「연꽃은 진흙 속에 피다」, 조웅대-「혈람」,「오솔길」, 하만구-「민족에 고함」,「흑막」, 최인현-「밤은 지나고」,「발자국을 따라」, 이상지-「동녘이 틀 때」,「어느 달밤의 동구에」, 이창호-「동뢰」, 안정기-「고구려의 비애」

번역극: 이병주-「살로메」, 정민화-「느릅나무 그늘의 욕망」, 서병일-「비오는 산골」

6) 진주여자고등학교를 졸업한 박경리의 소설과 시

박경리(1926-2008)는 통영시 명정리에서 출생하여 1945년 진주여자고등학교를 졸업했다. 1955년에 월간 《현대문학》에 소설「計算」이 김동리의 추천으로 발표가 되고 이어「黑黑白白」이 2회 추천되어 등단했다. 1957년「不信時代」를 발표하면서 세간의 관심이 모아지기 시작했다. 이 작품은 한 미망인이 아들을 잃고 친척과 노모와 더불어 절에서 재를 올리지만 스님조차도 돈을 중히 여기는 데 실망하고 친척부인에게 돈을 잃고 자식의 목숨마저도 의사의 잘못으로 죽게 되는 수난과 희생을 감내해야 하는 줄거리를 가지고 있다. 여성의 한이 표

박경리 시비 제막식, 진주여고(2008년)

현되면서도 굴절된 사회적 풍조를 표현하고 있다.

이 작품으로 제3회 현대문학상을 받았고 「표류도」로 내성문학상을, 「시장과 전장」으로 한국여류문학상을 받으며 승승장구 일약 유명작가의 반열에 들어섰다. 박경리의 간판 소설로 「토지」를 거명하지 않을 수 없다. 1969년에 시작된 작품이 장장 26년만에 완간된 것은 그 규모와 시간적 투자를 두고 보더라도 한국 현대문학 이래 최정상에 서는 대하소설이라 아니할 수 없다.

박경리는 중고등학교를 진주에서 다녔고 그 인연으로 진주를 배경으로 한 소설 「黑白 콤비의 구두」[16]와 시 「미친 사내」[17]를 남겼다.

---

16) 박경리, 「흑백콤비의 구두」, 『강신재 박경리 선집』, 신한국문학전집, 어문각, 1979
17) 박경리, 시집 『우리들의 시간』, 나남, 2000

「黑白 콤비의 구두」의 배경은 작가가 다닌 학교에서 멀지 않은 곳에 위치한 '가마못'이다. 예전부터 이 못에는 1년에 한 사람씩 시체로 떠오른다는 괴기한 이야기가 나도는 곳이다. 작가는 그것을 모티브로 하여 작품을 완성한 것으로 보인다. 이 소설은 작중에서 '나'와 쥐색 양복을 입은 신사가 열차에서 서로 마주보며 앉아 삼랑진-마산을 거쳐 종착역 진주로 향하고 있는 차중 풍경이 전개된다. 이어 대학 마지막 학기를 남겨둔 채 고향 진주 가마못 언저리 동네에 와서 낚시로 시간을 보내고 있는 내 곁에 그 신사가 나타난다. 신사는 매일같이 합승을 타고 나타나 동네 뒷산 무덤에 갔다가 내려오는 길에 꼭 낚시터에 나타나 내게 말을 건다. 사내의 말을 정리해 본다.

"이곳은 이름이 뭐요?"
"얼마 전에 죽었다는 노파는 여기서 들어갔을까? 저 둑에서 떨어졌을까?"
"여기서 들어갔다면 죽기까지 상당한 시간이 걸렸을 게요. 한 발 들어가 보는, 그거 의지를 실험해 보는 좋은 일거리 아니오? 이제는 전쟁도 지나갔으니 슬픔은 가난뱅이 한테나 있지 재벌들에겐 없어. 그런 복까진 없거든."
"과잉과 냉소는 있어도 슬픔은 없단 말이야."
신사는 진주를 떠난다고 하던 다음날 호수 위에 시체로 떠올랐다. 나는 흑백 콤비구두를 꺼내 신고 시내 다방에 갔다. 거기서 신문을 보았다. '진주서 00국 00과장 투신 자살, 원인은 신경쇠약인 듯'

이 소설에서 작중의 신사는 신경쇠약에 걸려 있는 관리로서 산업화로 가는 시대에 지식인이 갖는 냉소주의를 보여준다. 그것이 죽음으로까지 이어진다. 그 냉소는 현실과 자아와의 괴리에서 오는 산물이고 존재함으로부터 오는 실존적 자각의 한 표현으로 이해된다. 소설에서 흑백 콤비구두는 그 자체만으로 해석하면 단순 흑백 논리에 빠져드는 병리현상의 상징으로 읽힐 수 있다. 죽음이냐 아니냐 하는 것이 단순 흑백 논리라는 것이고 그래서 죽음의 길로 들어가는 주인공의 선택이다.

박경리는 시집 『우리들의 시간』(2000, 나남)을 남겼다. 표제시 「우리들의 시간」은 진주여자고등학교 총동창회가 주선하여 모교 구내에 시비로 세워져 여성으로서의 겸양의 미덕을 후배들에게 일깨워 주고 있다. 박경리의 시에서 유일하게 진주 사람을 소재로 쓴 시가 한 편 있는데 그것은 「미친 사내」이다.

옛날에
또개라는 미친 사내가
진주에 살았었다.

가는 사람 오는 사람
길 막고 서서

앞, 앞이 말 못한다, 하며
가슴 치고 울던 사내

갈래머리 소녀적에
보았던 일
비 오는 날
나를 사로잡는다

그는 새가 되었을까
앵무새가 되었을까

그는 꽃이 되었을까
달맞이꽃이 되었을까

이 시에서 나오는 '또개'라는 사람은 1950년대 진주시외버스 주차장에서 육성으로 버스 배차 홍보를 하여 눈길을 끌었던 사람이다. 일테면 "해맹 산청 안의 거창 가요이……" 그런데 그 무렵 진주의 '3개'가 있었다. 또개(주차장 전담 홍보요원), 판개(수정동 요정 돌이 바카스 판매요원), 장개(진주극장 포스타 몸에 감고 다니는 홍보요원)가 그들이다.

박경리가 이 홍보요원을 학교 근처에서 1940년대 초반에 만난 것처럼 보이는데 갈래머리 소녀적으로 밝힌다. 그 당시 진주여고교의 머리형은 '갈래머리'였던 듯하다. 또개가 수업을 마치고 나오는 여고생

들에게 가슴을 치며 앞앞이 말 못한다는 그 사연은 무엇이었을까? 멀쩡한 사람인데도 멀쩡한 사람으로 대접하지 않는 주변 사람들에 대한 비판의 감정이었을까. 그렇잖으면 집안 사정이었을 텐데 그 사정이 어쨌든 공개를 할 수 없는 처지가 기막히고 안타깝다는 것이었을까.

문제는 작가 박경리가 옛날로 흘러간 사연을 그때와 같이 비가 오는 날 새삼 떠올리고 가슴에 새기고 있다는 사실이다. 가슴 치던 사내를 자유로운 새, 달밤 속의 꽃으로 비유하여 시로써 달래고 있는 셈이다. 마치 신라 선덕여왕이 자기를 사랑한다고 했다는 거지 지귀에게 귀중한 팔찌를 선물했던 것처럼 말이다.

7) 진주고등학교를 졸업한 허유 시인의 「진주」

1936년 고성 마암면 출생으로 진주중고등학교를 다닌 허유 시인은 1958년《평화신문》신춘문예로 등단하였다. 1960년 서울대학교 상과대학 경제학과를 졸업한 뒤 공인회계사로 한국투자신탁 대표를 지냈다. 그는 재학중 서정주 선생댁을 다니며 서승해, 이제하 등과 더불어 시심에 젖고 창작에 열중했다. 그가 낸

허유 시집(1980년)

시집에 『우리 김형에게』[18]가 있는데 그 가운데 「晉州」가 유명하다.

八道江山을 다 돈 끝에
진주에 와 닿으면
그때부터 旅行의 시작이다

八道江山을 다 돌아보려고
맨 처음 진주에 와 닿으면
이제 旅行의 끝이다

새벽잠 끝에 정수리에 퍼붓는 냉수 한 바가지
우리나라 정수리에 퍼붓는 이 정갈한 냉수 한 바가지,
진주에 와 보면
그렇게 퍼뜩 정신이 들고 마는 것을 안다

또 진주에 와 보면
잘 이겨내는 것을 안다
어떠한 철근 콘크리트도
무지막한 쇠바퀴도
영혼을 갉아 먹어 배부른 악담도
이 가녀린 南道육자배기 가락이 잘 이겨내고 마는 것을 안다

---

18) 허유, 시집 『우리 김형에게』, 문촌, 1980

> 진주 땅 골목길에 숨어 있는
> 풋풋한 우리나라 土種空氣까지 한 몫 거들어서
> 또는 탱자나무는 탱자만한 힘까지 한 몫 거들어서
> 그 者들을 이겨내어 쫓아버리는 것을 안다.
>
> —허유의 「晉州」 전문

이 작품은 진주문화원에서 진주를 소재로 한 시집을 묶을 때 현대시 쪽의 관련자료 중에서 필자가 가지고 있던 일부 작품들을 넘겨주었는데 그때 들어 있었던 것이다. 이 작품이 이로부터 유명해지기 시작했는데 진주 정신을 이야기하는 사람들이 즐겨 애송하게 되었다.

이 시는 진주의 정신이나 진주의 문화가 정수리에 퍼부어지는 것이고 참다운 영혼의 내질로서 언제나 바르고 옳은 관점에서 진주인들을 자극하고 이끌어가는 지향점이 된다는 것이다. 그 지향점은 인간 본원에 닿은 것이어서 역사를 두고 볼 때나 문명을 두고 볼 때에도 하자 없이 이끌어주는 기본이라는 점을 자각한다는 이야기다. 그러므로 진주를 와서 보지 않고 문명사나 인간사나 역사의 기반을 이해했다고 말할 수가 없으니 천상 진주에의 여행이 우리 겨레에게 필수적임을 강조하지 않을 수 없다는 시적 표명이다.

그러나 그는 「귀향」에서 그 정신이 그 역사가 많이 탈색되어 있음을 아쉬워 한다.

참 오랜 만에 고향에 왔다

남인수의 고가, 그 담쟁이 넝쿨,
창호지 빛깔의 내 호적,
오른 편 갈빗대 밑이 시큰한 어두운 가을 구름,
욕친구들의 여드름,
그것들은 다 어데 가고,
　　　　―「歸鄕 1」 앞부분

　고향에 왔지만 고가의 담쟁이 넝쿨이나 호적부나 욕친구들이나 어둔 가을 구름이나 조금씩 탈색되고 사라지고 있어서 아쉽다는 것이다. 그럴수록 진주가 갖는 본원적 정서는 늘 진주를 지키는 힘으로써 존재해야 하겠다는 주장이다. 시인은 진주 봉곡동 목재소 이웃에다 오두막 한 채를 사서 어머니와 6년간 살았다. 그 집에서 비봉산 아래 학교를 다녔는데 그럼에도 귀향의 첫 번째로 역사 문화의 고장 진주에 오는 것이 자랑스러움을 말하고 있다.

6.
1960년대 진주문인

1) 활발한 동인지 및 문예지

　1960년에 18집이라는 경이적인 기록을 내고 종간되는 《영문》의 뒤를 잇는 종합문예지는 당분간 나타나지 않는 대신 1960년대엔 몇 개의 동인회가 발족되어 동인지 중심의 문단이 형성되었다. 《영도선》을 낸 시가족동인회는 1960년에 일단 모여 시화전으로서 출발의 신호를 나타냈다. 《영도선》 1집에는 조인영, 박용수, 이덕, 문의식 등 네 사람의 작품이 선보였다. 그런데 이들의 공

진주문협 《회지》(1962년)

통점은 《영문》에서 추천을 받은 시인이라는 것이었다.

  같은 해 1961년에 《자오시》가 나오는데 강석호의 소설 「인간 계획」, 김덕기의 시 「벽」, 조만옥의 시 「고갯길」이 실렸다.

  이렇게 동인회 활동이 이어지는 가운데 1962년에는 한국문인협회 진주지부가 결성이 되고 이해 11월에 《회지》 1집이 간행되었다. 여기 작품을 낸 사람으로 시에 이경순, 최재호, 이창호, 곽수돈, 이덕, 조인영, 문의식, 유재형, 이월수, 이복숙, 김경자, 손상철, 김중곤, 박평주, 향소야 등이며 평론에 이형기, 박세제 등이며 수필에 조재업, 박민기, 창작에 김수정, 강남구, 강석호 등이다.

  1966년에는 두 동인지가 다시 나오는데 《새 영문》, 《흑기》가 그것이다. 《새 영문》에는 곽수돈, 설창수, 이경순, 이명길, 이월수, 박평주, 조재업, 이충섭, 허남벽 등이 작품을 실었고 2집은 《남가람》으로 제호를 바꾸어 새 동인으로 장태현, 김석규, 김수정, 이영호가 들어왔다.

  《흑기》는 50년대에 아직 고등학교 학생들이었을 때 《청천》《영화》에서 활약했던 사람들이 모여 이루어진 동인회다. 이름은 이경순 시인이 일본 동경에서 활약한 아나키즘 운동과 연결되어 있는 흑우연맹에서 이름을 따온 것으로 보인다. 박용수, 정재필, 최용호, 김영화, 최광호, 강동주, 조정남 등이 동인들인데 동인 선언을 보면 세 가지다. "첫째 우리는 흑기를 게양한다. 둘째 우리는 당면한 현실을 직시한다.

셋째 우리는 새로운 가치를 모색한다."이다.

  1965년엔 예총 기관지 '예총진주'가 창간되어 매년 1권씩 12집이 나왔다. 이 책의 편집은 한동렬, 이덕, 손상철, 이월수, 김석규, 강희근, 김영화 등이 순서대로 맡았다.

2) 이 시기의 시인들-김석규, 박재두, 강희근, 김여정, 이월수

시인 김석규

시조시인 박재두

시인 강희근

  김석규는 《현대문학》을 통해 등단하고 『늪에다 던지는 토속』 등 시집을 매년 발간한 시인, 매일 한 편씩 쓰는 시인으로 이름이 났다. 토속과 인간주의적 지향으로 비교적 평이한 서정으로 시를 썼다.

  박재두는 1965년 《동아일보》 신춘문예 시조부에 당선되어 등단했다. 시조집에 『유운연화문』이 있고 시조 장르의 각종 상을 수상했다. 가람시조상, 이호우문학상 등이 그것이다. 언어의 연금술사라는 평을 얼음은 물론 각 연간 내밀한 조직이 탄탄하고 역사와 시대를 외면하지 않는 작가로 정평이 나 있다.

　강희근은 1965년 서울신문 신춘문예로 등단했고 시집『연기 및 일기』,『풍경보』등 여러권이 있고 전통적 서정에서 출발하여 내면과 풍경단시를 거치는 포괄적 시세계를 보여주었다. 각종 상을 받았는데 공보부 신인예술상, 경남도문화상, 펜문학상, 김삿갓문학상, 가톨릭문학상 등이 그것이다. 국립경상대학교 인문대학장을 거쳤다.

　안병호는 육군사관학교를 나와 월남전에 참전하였으며 수도경비사령관을 역임한 중장이다. 월남전 참전중 시「전쟁의 소변」을 써서 1966년 월간《시문학》에 정한모 시인의 추천을 받아 시인으로 데뷔했다. 시집으로『생명의 끈』을 내었고, 후에《경남일보》사장을 지냈다.

　이월수는《영문》에 이어《시조문학》(1967)을 통해 등단했다.『학 연가』등의 시조집을 내었고〈연가〉시리즈를 낸 작가로 이름이 났다.《경남신문》문화부장을 거쳤다.

　김여정은 1968년《현대문학》으로 등단하고 시집으로『화음』,『바다에 내린 햇살』등을 펴냈고 월탄문학상을 받았다. 수필집에『고독이 불 탈 때』가 있다. 서울시 교육청 장학사를 지냈다.

3) 이 시기의 토박이 문인들-리명길, 최용호, 김지연, 김호길, 이수정, 이영성

시조시인 리명길

시인 최용호

소설가 김지연

리명길은 시조시인이자 시조 이론가이다. 시조집으로『생명』,『내일의 길가에서』등이 있고 어린이 시조 창작 이론서에『어린이시조 첫걸음』이 있다. 어린이시조 창시자로 알려져 있고 경남지역을 중심으로 초등학교 동시조 보급에 공적을 쌓았다. 특히 평시조 가운데 종장만으로 한 편을 삼는〈절장시조〉를 제창했다.

시조시인 이월수

최용호는《영문》출신 시인으로 지역의 문예운동에 향도역할은 물론 지도자로서의 업적을 쌓았다. 시집으로는 강희근과 공동시집인『풍경초』등이 있고 진주 MBC 보도국장 이사를 거쳤다. 글로벌 축제로 자리매김한 '진주유등축제'를 운영하는 재단인 '진주예술재단' 이사장을 지냈다.

　김지연은 진주여고와 서라벌예대 문창과를 나오고 1967년 《매일신문》 신춘문예 소설부문에 당선 등단했다. 소설집으로 『산가시내』, 『산울음』, 『산배암』 등을 발간했다. 상으로 한국소설문학상 등을 받았다.

　김호길은 1967년 《시조문학》으로 등단하고 대한항공 조종사로 근무했다. 시집으로 『하늘 환상곡』, 『수정 목마름』, 『사막시편』 등이 있고, 《미주문학》 주간, 《미주문학》 발행인을 역임했다. 미주 한국문인협회 회장을 지냈다.

　이수정은 1965년 《새한신문》 동시부 당선과 1966년 《한국일보》 신춘문예 동시부 입선으로 등단했다. 동시 작품이 초등학교 교과서에도 실렸고, 시집으로는 『의식의 씨알』, 유고 동시집으로는 『꽃그늘 내리고』가 있다. 박목월은 이수정의 시를 "한 마디로 교단생활에서 얻은 애환을 경건한 긍정적 세계 위에 구축해 놓은 인생찬가라 할 수 있다."고 평했다.

시인 이수정

　이영성은 1967년 《시조문학》에 2회 추천으로 등단했다. 제1시조집으로 『이름 모를 꽃』, 제2시조집으로 『합천호 맑은 물에 얼굴 씻는 달을 보게』, 제3시조집으로 『연습곡 사랑』이 있다.

7.
1970년대 진주문인

1) 동인지의 숨결

1970년대에 들어서면서도 진주문단은 동인지의 활동이 기본으로 흐른다. 진주문인협회는 회원들의 90%가 시와 시조시인으로 구성되어 있는 것을 감안하여 일단 시동인지 《진주시단》을 창간했다. 1970년 7월 25일이었다. 〈작품〉란에 이경순, 설창수, 리명길, 김중곤, 성환덕, 최용호, 강동주, 조정남, 박옥지, 윤인경, 강희근 등의 신작을 싣고 진주시단의 현황을 강희근이 쓰고 〈시론〉에는 이명길의 「나의 시작 노트」를 실었다.

2집에서는 최재호, 이인섭, 전의홍, 신찬식, 한타령이 보이고 3집은 김윤성, 이영성, 김석규, 이월수, 정목일, 정순영 등이 가담했고, 4집에는 박재두, 김영화, 최문석 등이 시단 식구로 들어왔다. 김윤성의 시「진주의 하늘」은 10월 3일에 열리는 개천예술제에서 축시로 읽은 시였다.

이 시기에 진주문협 일각에서 종합동인지《진주문학》을 내었는데 편집 책임자는 김석규였으나 오래 가지 못하고 2집에서 머물렀다.

1976년에는《경남수필》이라는 수필 동인지가 등장한다. 수필은 한국문단에서 변방문학으로 밀려나 있었고 그 문학성 자체를 인정받지 못하고 문예지의 구색 갖추기에 쓰이는 데 머물고 있었다. 그런데 진주에서 수필도 문학이고 문학이 갖는 미학을 갖추는 쪽으로 나아가야 함을 강조라도 하는 듯이 당당한 멤버들이 전열을 정비하고 나섰다. 창간호 차례는 다음과 같다 김인호, 박민기, 배혜숙, 변무영, 송준수, 신일수, 정숙례, 정순영, 조재업, 조종만, 최문석, 황소부, 정목일 등으로 이어지는 차례다.

수필가 신일수

이들 동인들은 대체로 교단에 선 이들이었는 바, 교수로는 김인호, 황소부, 최문석, 송준수, 정순영이, 초중고에 교편을 잡은 이로는 박민기, 배혜숙, 신일수, 정숙례, 조재업, 조종만을 들 수 있고 언론인으로 정목일이 가담했다. 이후 거듭 출간하는 중에 김영기, 김토근,

박문호, 안황란, 이아정, 정영부, 정태용, 김미정, 하길남, 문정자, 강영아 등이 추가로 가담했다.

1977년엔 진주 중심의 경남권 시동인지가 탄생했다. 강희근, 김석규, 정순영, 이광석, 표성흠, 황선하 등이 어렵게 결속했다. 동인지 이름은 《흙과 바람》이다. 지역성을 강조한 이름이다.

2) 지역 문예지로 우뚝 선 《문예정신》

1977년은 진주문인협회가 새로운 결단을 내려 문예지 운동을 기획하게 되었다. 《문예정신》의 지속 발간 사업이다. 운영위원회를 조직하여 여기서 책 출간을 맡게 되었는데 운영위원은 회사의 주주와 같은 위치로서 출간비 마련에 연대 책임을 지는 사람으로써 지역을 초월해 문학 전공의 가부를 떠나 뜻이 있는 사람이면 가담할 수 있게 한 것이다.

《문예77》(1977년)

《문예정신》스탭을 보면 고문에 이은상, 이주홍, 조연현, 이경순, 설창수, 최재호 등 6명이, 지도위원에 문덕수, 박재삼, 이형기, 정을병 등 4명이, 편집위원에 강희근, 김석규, 박재두, 서벌 등이 맡았다. 발행 책임은 최용호, 주간에 박재두가 소임을 맡았다. 특히 《문예정신》은 전국권 문예지이고 신인작품을 모집하여 시인을 배출하는 기능을 갖기로 한 것이 주목된다.

그런데 통칭 제호는 《문예정신》이지만 당시 종합문예지 등록이 까다로워 호마다 이름을 바꾸어 내놓았다. 1집은 《문예77》이라는 제호로 1977년 11월 5일에 발간되었는데 창간호 차례는 아래와 같다.

```
창간사
격려사 ................. 조연현
<시>
남풍이 불면 ............... 정진업
여름 아침 ................ 전기수
바보는 .................. 황선하
소리의 성 ................ 이광석
고려의 돌 ................ 서인숙
백금반지 ................. 곽현숙
부활 ................... 김영화
새아침 .................. 이인섭
현몽사 .................. 정식헌
귀리밭 .................. 조정남
밤을 향한 포구 ............. 최인호
<신작 시집>
비 비 비 그리고 비 외 ........ 김석규
꽃의 빛깔 외 ............... 정순영
하늘로 창을 외 ............. 김인호
```

우리집 연기 외 ·············· 이수정
<희곡> 어떤 별 ············· 손정수
<평론> 신시단의 의의 ········ 강희근

《문예정신》은 1970년대에 5집이 나오고 1980년대 이후 21집이 나온다. 2집 이후 전국권 필진이 보강되는데 수필에 김시헌, 김병규 등이 시조에 송선영, 박경용, 정시운 등이, 시에 강남주, 나태주, 김성춘, 박노석, 이성선 등이, 번역에 김인환이 원고를 내면서 필진의 무게가 실리기 시작했다. 아동문학에 정진채, 김기호 추모특집, 소설에 이재기, 평론에 최동호 등이 눈에 띤다.

3) 등장하는 문인들 - 김인배, 이재기, 신찬식, 정목일, 김정희, 한수연, 조평규, 조종만, 박노정, 박준영

시인 신찬식

수필가 정목일

시조시인 김정희

소설가 이재기는 《남부문학》에서 오영수의 추천을 통해 등단했고 김인배는 소설로서 《문학과 지성》을 통해 등단했다. 신찬식은 1971년 《백인문학》(후에 서울신문 신춘)에 시로써 등단했고, 정목일은 《월간문학》과 《현대문학》에서 각각 최초의 수필 당선자로 떠올랐다. 김정희는 1975년 《시조문학》 겨울호 시조로 등단했고, 한수연은 《한국일보》 신춘문예에 동화로, 조평규는 《월간문학》 동화로 각각 등단의 기록을 남겼다. 조종만은 1979년 시조로 《시문학》지를 통과했고, 이문형은 시조로 《현대시학》을 통과했다. 박노정은 《호서문학》을 통해 시인의 자리를 확보했다.

시인 박노정

박준영은 출향시인으로 이 시기 TBC, KBS 등 어린이영화 PD로서 만화영화 주제가(동시) 38편을 발표하여 한국 어린이들의 상상력과 감수성을 키우는 데 결정적 역할을 했다. 그 후 성인시를 추천받는 등 본격 시인으로서도 활동을 계속했다.

4) 이 시기 발간된 주요 작품집

이 시기 나온 진주 출신 문인들의 주요 작품들을 살펴본다. 이형기의 『돌베개의 시』, 이병주의 『관부연락선』, 강희근의 『연기 및 일기』, 김정희의『소심』, 박재두『유운연화문』, 김석규의『풀잎』, 설창수 시집『개폐교』, 이경순의『역사』, 조평규『토란잎 우산』, 신찬식의『탄피와 돌의 상형』, 김보성 소설집『원다희자전』, 박민기의『그 날까지 파도처럼』등이다.

  이형기의『돌베개의 시』는 두 번째 시집으로 아직 서정적 세계에 머물고 있을 때였고 이병주의『관부연락선』은 광복 후의 진주체험과 광복 전의 일본 체험이 연결되면서 새로운 시대적 과제에 골몰하는 인간들을 그리고 있다. 설창수의『개폐교』와 이경순의『역사』는 각기 시대적 정신이 안정적으로 자리잡히는 시집이라 할 것이다.

8.
1980년대와 1990년대 전반의 진주문인

1) 지면의 증대와 문인의 세 확장

　1980년대와 그 이후는 이른바 진주문학의 개화기라 할 만하다. 양과 질의 측면에서 확산과 고양의 비약을 보게 되기 때문이다. 발표지면은 기왕의 《문예정신》이 호를 거듭하고, 《진주문단》은 이제 리듬을 찾았고, 《경남여성문우회지》도 여성문인들의 텃밭으로 성장하고, 《문학진주》는 1986년 이후 약진을 거듭하고, 《청년문학》지도 시대현실에 바로서기 하는 지향으로 1989년 이후 몇집을 거듭했다.

　《문예정신》은 6집에서 대구의 '맥' 동인회를 소개하는 한편 신인으로 조성래를 소개했고 7집에서 부산의 《목마》 동인을 소개하면서 이형기, 김봉군 등의 평론을 실었다. 8집에서 초대석에 최승범, 김여정, 구재기, 나태주, 이성선, 서벌, 송선영의 시를, 신작시집에 강동주와 김춘랑의 시, 시조를, 소설에 김영화, 김인배, 김현우의 작품을 실었다. 9집에서 시단에 이경순, 전기수, 황선하, 조인영, 조종만, 이덕, 이광석, 김정희, 김인호, 이월수, 손정수, 곽현숙, 서우승의 작품을 실었고, 이경순의 〈나의 시적 편력〉을 실은 것이 눈에 띈다.

김석규 외 시집 표지

《진주문단》은 진주문인협회가 기관지로서 그간 《진주시단》을 발행했던 것을 이제 《진주문단》으로 전장르 기관지로 확충하여 내게 되었다. 5집(1986)에서 박재두 지부장의 속간사, 이재기의 단편 「잘난 사람」, 이수정, 조종만, 김정희, 이덕, 강동주, 고재곤, 이월수, 김영화, 윤정란, 강경주, 신찬식 등의 시, 조평규, 정현수의 동화, 박민기, 정태용, 정영부,

《진주문단》(1986년)

김토근, 최문석, 황소부의 수필, 이학수의 평론 등을 실었다.

6집에서는 이명길의「진주문단 외사」7집에서는 강희근 지부장의「권두사」,〈동기 이경순 시비 서다〉특집을, 8집에서는 제1회 남명문학상 특집을, 9집에서는 제2회 남명문학상 특집을 다루었고, 11집에서는 초대작품 4인집에 조만후, 강석호, 이유식, 김지연 등 작품을 실었다.

《경남수필》은 1980년대에 들어서서 계속 순항의 돛을 올리고 뻗어왔다. 경남수필문학회는 이 기관지를 내는 한편으로 매월 작품 발표회를 충실히 가져 회원들의 참여폭을 넓혀나갔다. 1981년도에 나온 제6집의 필진으로는 정태용, 최문석, 신일수, 배혜숙, 하길남, 김정희, 김토근, 손영숙, 안황란, 이상범, 정순영, 김미정, 황정덕, 정영부, 박문호, 정목일이 참여했다.

93년도에 제20집이 나왔는데 초대수필에 고동주, 김구봉, 김영만, 서인숙, 오경자의 작품을 실었고 6집 이후 회원으로 참가한 이로는 강현순, 김경숙, 김동봉, 김옥희, 김정원, 김화홍, 문정자, 박주원, 배대균, 배석권, 서현복, 이상태, 이석례, 이종화, 정공순, 정영선, 최은애, 한석근, 한후남, 허학수, 홍옥숙, 최진의, 최이락, 이옥자, 이승철, 이동이, 이광수 등이다.

《경남여성문우회지》는 경남여성문우회(회장 이월수)의 발표지를 통칭한 것인데 제1집(1985)은《햇살과 바람의 산책》이라는 이름으로 나왔다. 제10집(1993)은 《꽃물 속에 어린 연가》라는 표제로 나왔다. 강영아, 남치임, 배은송, 서현복, 이순자, 이옥자, 이월수, 이주미, 정현수, 최은애, 황숙자, 정영자, 송태좌, 김재순, 김금자 등이 멤버들이다.

'진주문학동호회'는 1988년 10월에 아마추어 단체로서 출범했다. 1990년에 기관지 《문학진주》를 창간했다. 4집에는 김영란, 김창욱, 민선영, 박주철, 배창도, 왕윤순, 이차남, 정공순, 이현정, 임규홍, 장종성, 조계자, 조진혜, 최옥순, 하계흔, 황채현, 강복순, 고옥희, 김선애, 안동원 등이 참가했다.

2) 《문예정신》의 독자 운영체제와 삼광문화재단

《문예정신》은 13집에서 운영위원회(위원장 최용호, 주간 박재두)체제로부터 발행인 독자 운영체제로 바뀌었다. 이때부터 진주상호신용금고에서 설립한 삼광문화연구재단의 지원을 받게 되었기 때문이다. 이때에 발행인 최용호, 주간 강희근, 편집장 윤성효가 주도하게 된 《문예정신》은 영속적인 지원을 약속받아 문예지의 질적 향상과 전국지로서의 면모로 나가게 되었다. 경남권 문인의 원고를 3/2선으로 받아들이고 절충식 편

문예정신 합본 표지(8~12호)

집의 틀을 마련하여 13집에서 박재두의 〈시조창작 강화〉, 이월수의 시조 〈사랑의 변주곡〉 등을 기획 연재하기 시작했다.

신예 여류4인 특집으로 김수영, 김언희, 안경희, 조영숙의 시를 실었고 수필에 배대온, 박성석, 하종갑의 작품을 서평에 양왕용, 유재천, 박노정의 원고를 실었다. 14집에서 1990년도 남명문학상 수상작 지상발표(제2회 본상 신중신, 신인상 이상원)를 했고 〈창작의 밀실〉에 채규판, 임신행, 김성춘의 글을, 나의 소시집에 정동주, 윤봉한, 김정희의 시를, 소설 희곡에 이재기, 김숙현의 작품을 실었으며 신인작품으로 황정애(시), 강회(수필)의 작품을 추천해 실었다.

15집에서 〈그때 그 시절〉에 문정희의 산문 「접목의 시절」을, 새 연재로 김언희의 산문 「시적 상상력, 그 내면풍경」을, 수필에 최은애, 고동주 등의 작품을, 〈나의 소시집〉에 정규화, 이재금, 김태수, 성기각의 시를 실었다. 16집에서 미국 시인 존 홀랜드와의 대담을 황소부의 권두 대담으로 실었고, 연재산문으로 설창수의 「나의 예력」을 실었다.

17집에는 두 가지 특집을 마련했는데 하나는 형평운동 70주년 특집을, 다른 하나는 경남가톨릭문인선이다.

3) 1980년대 정규화, 송희복, 허수경, 김언희, 강경주, 여태전, 최문석, 윤성효 등 출현

이 시기에 비전이 있는 시, 시조작가들이 출현하는 것을 본다. 정규

시인 허수경

시인 김언희

평론가 송희복

화는 《창작과 비평》을 통해 1981년에 등장하는데 《시와 경제》 동인으로 지리산 중심의 서정적 배경을 갖는다. 신일수는 1985년 《한국수필》로 등단하여 경남 최초로 《경남수필》 창간에 기여하고 작품은 생활에서 지적 영역까지 다양한 세계를 넘나든다는 평이다. 송희복은 1983년 《경향신문》 신춘문예 평론으로

수필가 최문석

데뷔했다. 그는 정치적 내지 이념적 편견을 가지지 않고 막대 저울처럼 평평한 시각에서 문학의 사회문화적인 맥락을 중시한다. 허수경은 《실천문학》(1987)으로 등장하는데 시집 『혼자 가는 먼 집』으로 실천과 존재를 바탕으로 하는 문학적 시야를 확보하면서 시작한다. 김언희는 1989년 《현대시학》을 통해 등단하고 그 이후 첫시집 『트렁크』에서

도발과 엽기라는 문학 바깥에서 오는 상상으로 새로운 감각의 문을 열었다.

　강경주는 1984년 계간《현대시조》로 등단하여 시조로써 도시화와 일상이 자유롭지 못한 것에 대한 한계와 그 경계를 노래하는 보기 드문 시인이다. 여태전은 1987년《시조문학》으로 등단했다. 시조집에『꿈이 하나 있습니다』가 있고 터울, 섬진시조 동인으로 활동했다. 그는 우리나라 대안교육의 개척자로 현재 남해 상주중학교장으로 일하고 있다.

　최문석은 1987년《월간문학》에 수필로 등단했고, 수필집에『에세이 첨단과학』이 있는데 수필에 지성적 요소가 강한 이른바 에세이풍이라는 평을 얻고 있다.

　김륭은 김영건이라는 이름으로 1988년《불교문학》으로 등장했다. 그는 훨씬 뒤에 신춘문예로 등장하지만 이 무렵의 시작품들이 구조와 서정이 단단히 연결되는 경지를 내보였다. 윤성효는 1989년 가을《시조문학》으로 등단했다. 그는 기자로서 현장감과 시대정신에 밀착되는 기사를 쓰는 것처럼 시조도 현장의 리얼리즘에 충실한 작품을 쓴다는 평을 얻고 있다. 박노정에 이어 '진주가을문예' 운영위원장을 맡았다.

4) 교육부 허만길 편수관 복합문학 창시

　이 시기에 허만길 시인은 복합문학을 창시하고 그 적용작품을 창작하여 발표했다. 그 작품은 「생명의 먼동을 더듬어」(1980, 교음사)이다. 복합문학이란 한 편의 작품을 완성함에 있어 시, 소설, 희곡, 시나리오, 수필 등 문학의 하위 장르를 두루 활용하여 전개상의 변화와 활력을 꾀하고 주제의 형상화에 상승효과를 거두기 위해 구성한 문학형태를 말한다. 허 시인은 실제 창시하기로는 1971년이고 그 작품 연재는 1971년 9월호《교육신풍》(교육신문사)에서 시작되었지만 완성본이 이루어진 것은 1980년이었다. 거기다 허 시인의 문단 등단이 1989년에《한글문학》으로 이루어졌으므로 허 시인의 문학 활동기를 80년대로 잡는 것이 옳을 것이다. 다만 이 제창에도 불구하고 문학적 일반화가 얼마나 이루어졌는지 그것이 이 창시의 성패를 가름하게 될 터이다. 그는 교육부 문자 정책이나 한글문화 실천운동에 60년대 이후 최전선에서 일하고 교육과정 연구에도 상당한 실적을 남기고 있다. 그리고 최초로 정신대 문제를 소설화한 작품 「원주민촌의 축제」를 발표하여 화제가 되었다.

5) 1990년대 초반 박종현, 유홍준, 최은애, 이해선, 이종만, 정현대 등 출현

박종현은 1990년《부산일보》신춘문예와 1992년《현대문학》시 추천으로 등단하여 단단한 서정과 내면의 결합으로 신예의 면모를 보였다. 유홍준은 1991년 개천예술제 신인상으로 얼굴을 보이고 그 이후《시와 반시》로 등단하였다. 정제된 서정에 적절한 기법적 해체로 시단의 정예로 주목을 받기 시작했다. 최은애는 1992년 《우리문학》 수필로 등단하고 이어 《경남신문》 신춘으로 시인으로서의 길을 닦았다. 시집으로 『벚꽃에 내리는 눈은 벚꽃이 된다』와 『닥터 지바고는 액자에 들어가지 않는다』가 있다. 단정한 언어와 이미지로 성숙한 면모를 보여 주었다. 이해선은 1992년 《월간문학》으로 등단하여 리얼리즘적 세태를 깊이 있게 궁구하며 어떤 경우에도 현장과 스토리가 따로 놀지 않는 세계를 보여주었다. 장편, 단편 아우르는 작가로 현대가 갖는 다양한 시대적 명제를 외면하지 않는 작가로 손꼽힌다.

《경남수필》(1997년)

이종만은 1992년 《현대시학》에서 정진규, 허영자 추천으로 등단했다. 그는 벌통을 들고 남해안에서 강원도까지 양봉을 천직으로 종사하며 시를 쓴다. 「양봉일지」 연작으로 오늘은 이 산이 고향이라는 의식과 정서로 언어탐구에 주경야독이다.

서현복은 1990년 월간 《수필문학》으로 등단하여 경남수필문학회와 가향문학회에서 활동했다. 「조각보의 꿈」과 같은 우리 전통의 여성이 갖는 아녀자로서의 품성과 기예를 내면화하는 특징을 보였다. 김동민은 《월간문학》과 전경련소설현상공모 당선으로 등단하고 장편 『돌아오는 꽃』과 소설집 『빨간 이발관』 등을 출간했다. 정현대는 1992년 《현대시조》와 《아동문예》로 시조와 동시를 겸하는 시인이 되었다. 정 시

시인 박종현

시인 유홍준

인은 특히 아동시조교실을 통해 우리나라 전통문학의 전수에 힘쓴 것처럼 시조도 전통율격 지키기와 겨레정서 가꾸기에 심혈을 기울였다. 박주원은 1993년 《자유문학》 신인상에 소설 「포구」가 당선되어 등단했다. 이후 단편집 『마른 대궁』 등 장편연재소설을 이어서 발표했다.

6) 이 시기의 주요 작품집

설창수의 『설창수전집』, 조평규의 『황새야 덕새야』, 강희근의 『사랑제』, 『우리시 짓는 법』, 이형기의 『풍선심장』, 조인영의 『조인영 시집』, 김정희의 『산여울 물여울』, 강동주의 『물방울』, 김석규의 『대문을 열어놓고』, 손정수의 『하느님의 전화번호』, 정목일의 『님강부근의 겨울나무』, 신충행의 동화집 『바람을 먹는 아이들』, 정규화의 『농민의 아들』, 『지리산 수첩』, 이문형의 『소가야의 억새밭』, 이재기

의 소설집『낙제생』,『부활의 쓴 잔 채우기』, 강경주의 시조집『어둠을 비껴 앉아』, 최문석의 에세이집『에세이 첨단과학』, 신일수의 수필집『내 작은 뜰에는』, 박노정의 시집『바람도 한참은 바람난 바람이 되어』, 하종갑의 수필집『한국인의 정서』, 정현대의『햇살처럼』, 강희의 수상집『세상살이 좀 쉬어간들 어떠니』, 조만후의『남강가의 참대나무』, 최은애의 산문집『그 초록 언덕』, 이해선의『몸값』, 이정화의『포도주를 뜨며』, 최재호 유고 문집『아천문집』, 김중곤의 문집『섬기는 마음으로』, 이경순의 유고전집『동기 이경순 전집』, 한수연의 동화집『다다의 섬』, 신찬식 시집『목공 예수』,『일상의 찬미』, 김인배의 소설집『하늘 궁전』, 허수경의 시집『혼자 가는 먼 집』, 이복숙의 시조집『숲에 내린 하늘』, 손광세의 시집『이 고운 나절을』등이 있다.

7) 진주의 후문학파들 성종화, 정재필, 정봉화 등

문학 전통이 있는 지역일수록 후문학파의 등장이 자연스럽게 이루어지기 십상이다. 후문학파란 말은 문학창작을 인생 후반에 가서 인생 전반의 체험을 바탕으로 시나 소설 등을 쓰는 문인을 두고 일컫는 말이다. 말하자면 '선인생-후문학'으로 이어지는 일군의 문인들을 두고 필자가 붙인 호칭이다. 그렇다고 이런 수순을 밟는 모든이를 다 그렇

시인 성종화　　　　　시인 정재필　　　　　수필가 정봉화

게 부르는 것이 아니라 전반의 인생 체험이 후반 문학에 잘 녹아 문학적 위상을 제대로 세운 이를 두고 말하는 것임은 물론이다.

　진주문단에서는 이런 사례가 타지역의 문단에 비해 비교적 확고한 과정과 모습으로 그 후문학을 형성하고 있다고 볼 수 있다. 시인 이경순과 소설가 이병주가 그런 예에 속한다. 이 시인, 소설가 밖에도 더 많은 후문학파를 찾을 수 있을 것이다. 그중에 성종화, 정재필, 정봉화 3인을 들어볼 수 있다. 이 세 사람은 1950년대 학생시절부터 이미 활동기록이 있고 그후 장시간 체험 인생의 과정을 겪고 후인생에서 문학의 자장을 형성하여 일정한 업적을 보이고 있다.

　이들은 동인지『남강은 흐른다』를 상재했

『남강은 흐른다』(2015년)

8. 1980년대와 1990년대 전반의 진주문인

는데 성종화, 정재필은 시를 썼고 정봉화는 수필을 썼다. 성종화는 1954년 고1때 개천예술제 백일장에서 차하, 이듬해에는 고2로서 장원을 차지했다. 그는 월간《학원》,《학생계》등에 시를 발표하는 학생문사였다. 그가 다시 문학활동에 이름을 올리게 된 것은 50여 년이 지난 뒤 시집과 수필집을 동시에 펴내고서였다. 그가 쓰는 후문학은 학생시절의 서정 본류에서 벗어나지 않는 점에서 후문학의 특성이 견고한 동일시학이라는 것이었다. 정재필 또한 성종화처럼 학생문사였다. 그도 후문학을 이루는데 성종화가 '여백의 미'를 쫓는 데 비해 '채움의 미학'을 보인다. 현실적인 앵글을 보인 것이라 하겠다. 정봉화는 선인생의 체험이 타 문인에 비해 특수한 족적을 밟고 있어서 삶이 갖는 내용의 깊이와 넓이가 훨씬 포괄적이다.

이들 후문학파에 준하는 이름으로 불릴 수 있는 문인군은 진주 출신 문인들로 구성된 '남강문학회' 안에 다수 포함되어 있다. 남강문학회 회원들은 진주에서 학창생활을 할 때 지독한 문학통을 앓았던 경험을 가지고 정년기를 지난 뒤 다시 문학의 회랑으로 돌아온 이들이다. 손상철, 김창현, 안병남, 홍종기, 강남구, 최낙인, 박정희, 강중구, 양동근, 정태영, 김덕남, 송영기, 강천영 등이 그들이다.

9.
1990년대 후반과 2000년대 10여 년 진주문인

1) 진주문인협회 중심의 통상 활동

진주문인협회는 한국 문인협회 진주지부로 시작된 문학단체로 1962년 4월에 창립되었다. 1990년대 이후의 연조를 기록하므로 50년의 연륜이다. 이 시간이라면 한 나라의 역사로도 기반을 다지고 창건의 정통을 여미는 시기라 할 수 있을 것

《진주문단》 외 표지

이다. 진주문인협회는 초기에는 여러가지 예산상으로나 회원 기량의 면으로나 어려운 점이 한두 가지가 아니었을 것이다. 지금은 사단법인이라는 거대한 모체인 한국문인협회를 지고 있어서 서로 간에 경쟁도 하고 창조적 고삐도 쥐면서 어쩌면 변방이 따로 없는 지역의 문화단체가 되어 있는 것이 사실이다.

그리하여 진주문인을 말할 때 진주문인협회를 거론하는 것이 필수적이라 할 것이다. 문인단체가 하는 일 중에 가장 중요한 사업은 기관지 《진주문단》을 내는 일이다. 그동안 진주문협에서는 시인을 주류로 하는 초창기 형편으로는 종합지를 내기 전에 《진주시단》이라는 동인지 이름의 표현지를 내었는데 그것이 4권이 되고 이어서 5집부터 《진주문단》이라는 정식 이름을 붙였다. 작년에는 36집이 나왔다.

36집 차례를 보면 〈특집 1, 2〉, 〈시단〉에 김지율 등 22인의 시, 〈시조단〉에 김정희 등 14인의 시조, 〈수필〉에 강미나 등 18인이 〈평론, 동시, 동화, 단편소설〉에 손정란 등 4인이 〈신입회원〉에 김수환 등 8인이 각각 발표를 하고 있다. 총 66인의 신작이 등장하고 있는데 여기 실리는 장르 대비 문인의 비례는 전국적인 상대 비례와 비슷한 상황이다. 이 36집에서 발견되는 취약점은 비평부재라는 점이 되겠다. 편집상의 비평은 말할 것도 없고 기획상의 비평도 아끼고 있어 보인다. 결과적으로 보아 연조가 주는 안이한 현주소라 할까 하는 것이 문학지를 현상유지 이상도 이하도 아니게 만들고 있다. 그럼에도 이 36집에는 특히 시에서 김경, 김지율, 도경희, 박영기, 박우담, 조민, 백숙자, 이미화, 이종만, 아창하, 이점선 등에 정삼희, 정진남, 조향옥, 주강홍, 천지경, 황숙자, 허미선, 정다인, 손나래 등이 고르게 눈에 들어온다. 시조에도 김정희, 리칭근, 손영희, 김용진, 신애리, 윤정란, 이희균, 장삼식, 정현대 등의 기량이 과거의 진주시단에 비할 수 없으리만큼 우수한 것으로 읽힌다. 수필도 얼핏 보아도 김귀자, 강미나, 강지영, 김지영, 김미연, 김성진, 노영란, 배유미, 신서영, 유명숙, 허정란, 정영숙, 허표영 등이 고른 능력을 보인다. 거기다 중진의 솜씨를 보이는 신일수, 황소부, 서현복, 손정란, 정동호, 정영선, 허학수 등의 수필이 이제 문학적 자장 안으로 깊이 들어와 있음을 확인시켜 주고 있다. 거기에 조평규, 정현수, 박주원의 개별적 작품성이 진주시단의 격을 올려놓아 준다.

　진주문인협회의 활동 중 특기할 행사는 '글예술사랑방'(작품 토론회)과 '시낭송 겨루기'이다. 글예술사랑방은 각자의 신작을 통해 잠자는 비평정신을 일깨우는 것으로 이 행사가 활력을 얻을 때 지역문학의 향상이 있다는 신념으로 진행해왔다. 진주문인협회의 '시낭송겨루기'는 한국문단의 시낭송 분야의 원조 행사로 시작되었다. 지금은 전국적인 낭송 흐름을 보이고 있지만 진주문협을 통해 그 흐름의 깊이와 속살을 펼쳐나가고 그 이론적 바탕을 세워 나가는 데 공헌을 해왔다. 초창기의 시낭송은 초등학교 어린이가 하는 동화구연이나 웅변대회의 비분강개조에서 더 나가지 않았을 때였으니 지역마다 전문 낭송가가 있고 그들이 지도하여 제자를 길러내는 단계에 와 있는 오늘의 성황을 생각해 볼 때 금석지감이 있다 하겠다.

진주문인협회의 역사를 만들어온 역대 회장의 명단은 다음과 같다. 최재호, 이경순, 리명길, 최용호, 박재두, 강희근, 이월수, 김영화, 김정희, 신일수, 박노정, 하종갑, 박동선, 정현대, 안동원, 주강홍, 허표영, 홍종기, 이창하 등 1대로부터 32대에 이른다.

2) 문학상 제정과 문단의 신기운, 그리고 시지(詩誌) 발행

진주에서 시작되는 문학상은 진주문인협회가 제정한 남명문학상이 그 최초이다. 1989년 강희근 회장시절 부회장 이월수와 힘을 합쳐 부산교통 조옥환 사장의 기금 출연으로 첫해에는 본상 수상자가 없고 신인상에 강호인 시조시인의 「산천재에 신끈 풀고」를 선정 시상하였고 둘째 해에 본상 수상자로 신중신 시인의 「모독」이 선정되어 명실공히 전국적 규모의 상으로 발돋움했다. 그

《시와 환상》(2002년)

이후에 소설가 김지연, 시인 김종철, 시조시인 조오현 등이 수상하는 등 10여회까지 시상되었는데 신인상에 강경주, 원은희, 최명란, 하영 등 지역 현장의 신인들이 수상을 했다.

전국규모 신인 대상의 문학상으로 《진주신문》이 제정한 '진주신문 가을문예'가 1995년부터 시행되어 지금까지 이어져 온다. 진주의 남성문화재단(이사장 김장하)의 지원으로 실시되며 시와 소설 두 분야에 응모작을 받았다. 지금까지 문재호, 정연승, 유영금, 조명숙, 원시림, 김형미, 김언수 등이 등단했다. 운영위원장(박노정)은 "새로운 자기 개성과 자기 문맥, 당당한 자기 목소리가 담긴 실험성 강한 작품을 찾아 시상할 것이라고 강조했다. 이 상의 특징으로 3가지 점을 들 수 있다. 하나는 재단, 둘째는 시상처, 셋째는 심사가 깨끗하여 가히 삼결상(三潔賞)이란 평을 얻기까지 했다.

다음은 명실공히 전국규모의 상이 제정되어 국내 유수의 문학상 반열에 올라선 이형기문학상이다. 이 상은 서울에서 먼저 제정되어 시상하던 것을 이형기 시인의 고향 진주시가 맡아 지자체 중심의 문학상의 일반적 기준으로 시행되었다. 서울의 격월간지 《시를 사랑하는 사람들》(발행인 원구식) 출신 시인회인 시사사회(현대시 포함)에서 진주출신 이어산 시인의 발의로 이형기문학상을 제정하여 두 번의 시상을 했는데 제1회 김명인(2005), 제2회 유홍준이 받았다. 그런 뒤 진주시 관계자와의 협의 아래 《시사사》(현대시 포함)와 진주시가 공동 개최하는 데 합의했다. 그리하여 진주시는 이형기 시인 기념사업회(초대회장 강희근, 사무국장 김이듬)를 구성하고 서울의 《시사사》쪽 기념사업회장 원구식(사무국장 채선)과 더불어 공동개최하도록 행정절차를 밟아 진주에서 시작되는 행사를 제1회로 하되 문학상은 3회로 시상하는 것을 양해했다.

  수상자를 보면 이수익(3회), 유안진(4회), 박주택(5회), 최영철(6회), 오정국(7회), 함기석(8회) 등이었다. 그 이후 박노정 회장 시절 서울과 진주의 견해 차이로 당분간 문학제 자체가 휴면기에 들어갔다가 2019년 다시 부활(회장 박우담)되었다. 제9회 수상자는 김혜순 시인이었다. 행사 내용을 들여다보면 세미나, 전국학생백일장, 체험시백일장(일반)이 있었는데 이 백일장은 전국에서 처음으로 2시간 정도의 즉흥시 백일장에서 벗어나 다양한 체험의 축적을 기하면서 준비하는 과정을 최소한 1박 2일로 잡아 진행되는 백일장이었다. 그 체험공간은 정서의 공간, 상상의 공간, 사상의 공간을 거치는 것이 되도록 배려했다. 여기 장원자는 《시사사》에 신인상 당선자와 같은 대우를 한 것이 특기할 만하다 할 것이다. 그 케이스로 천융희 시인이 등단했다.

  다음 형평문학선양사업회(초대회장 박노정, 2대회장 김언희, 3대회장 장만호)가 주관하는 형평문학제를 들여다볼 차례다. 1923년 진주지역에서 일어난 형평운동을 기념하고 그 정신을 현양하고자 하는 문학운동이다. 이

행사는 학생백일장, 시민생활글쓰기대회, 전국시낭송대회 등이 있는데 그 정신과 '시민생활'과의 연결을 시도하는 행사가 돋보인다 할 것이다. 여기서도 문학상이 그 행사의 중추를 이루는데 본상과 지역상을 준다는 것, 상에는 여러 장르를 걸쳐서 준다는 점이 눈에 띄는 행사다.

제1회 형평문학상 본상에는 김영승(시), 지역상에는 김남호(시)가 받았고 제2회때는 본상에 고형렬(시), 지역상에 박우담(시), 제3회때는 본상 김채원(소설), 지역상 이진숙(소설), 제4회 때는 본상 황인숙(시), 지역상 최영효(시조), 제5회때는 본상 이원(시), 지역상 최문석(수필), 제6회 때는 본상에 조혜진(소설), 지역상에 주강홍(시) 등이 각각 수상하였다.

모든 문학제는 공히 지역과 지자체, 중앙과 지역, 그 수혜의 형평성과 투자에 상응하는 괴리감 등에 대하여 더 많은 토론과 장치의 개발을 갈망하는 다수 여론을 지고 있다. 그럼에도 불구하고 문학제는 모든 작가 시인들이 창작의 저변을 넓히고 경향 간의 정보를 공유할 수 있다는 점에서 그 유용도를 계산하지 않고도 받아들일 수 있는 것이 아닐까 한다.

이 시기의 기운에 힘입어 70년대 후반에 발간되었던 《문예정신》이 1997년에 21호를 발간하고 종간을 보게 되었지만 그 지역적 파장은 예사롭지 않았다. 최용호 발행, 강희근 주간, 윤성효 편집장 체제였다. 허영자 시인의 〈그때 그 시절〉, 남명문학상 신인상 특집(하영, 최명란, 원은희), 진주가을문예 특집 이영수, 유영금, 신작시 5편 김동렬, 박종현, 김문갑, 〈열 사람의 신서정〉에 이덕, 강동주, 정상림, 조종명, 이원부, 안동원, 리창근, 이종만, 이상원, 박선영, 〈연재/ 시 읽기 영하 읽기〉 최은애, 중편 전재에 김동민, 신인상 시조에 성순옥 등이 선을 보였다. 2000년 들어 전국규모 시계간지 《시와 환상》(발행 정재원, 고문 강희근, 주간 박우담, 편집장 정다인)이 2년여 발간되었는데 산청 함양사건 희생자 유족회 정재원 이사장이 출연하여 성사되었다. 2012년 겨울호 통권 7호로 끝났는데 규모와 수준이 가장 알찬 내용으로 편집되어 전국적 필진에 편집권 확보라는 차원의 진주 최초의 잡지다운 잡지를 이룬 것이다. 〈환상 대담〉, 신작 소시집, 서평, 리뷰, 시론, 시인의 향기, 시와 환상 신작시 등 아마도 지역에서 낸 잡지 중 필진이 고르고 깜부기가 없는 대표적인 시잡지가 아니었을까 한다.

3) 평생교육을 통한 문인 양성과 동인 활동

1990년대 들어 진주에는 각 대학에 평생교육원이 설치되었다. 이는 바야흐로 노령화시대를 맞이하여 대학에서 능동적인 기획으로 다양한 과정을 이수하는 자에게 자격을 부여하기도 하고 각종 분야의 전문 기량을 획득한 자에게는 수료증을 수여하기도 했다. 이에 따라 경상대학교 평생교육원에서 처음으로 '시창작교실' 과정을 개설하여 문학창작, 그중에서도 시창작에 열의를 지닌 수강생을 불러 모아 3개월 단위로 이수과정을 밟게 했다. 이곳을 노크한 사람들은 각급 교사들, 공무원들 또는 자영업자들이 앞서거니 뒷서거니 등록하였고 몇 차례 과정을 이수한 사람들은 그 기능을 장기적으로 펴기 위해 문학 동아리를 만들어 활동하기에 이르렀다.

  그 만들어진 동아리가 '화요문학회'(1999-)였다. 시창작 지도자인 강희근 교수를 지도교수로 하여 이어산이 초대회장(2대 박노정, 3대 이상옥)을 맡아 문학 동아리로서의 작품 토론이나 기행이나 유명 시인 초빙 강의 같은 행사를 알차게 진행했다. 여기서 이루어진 행사 중에 〈이달의 시인〉이 있었다. 월별행사로서 시작되었고 어디 보조 받는 데도 없이 회원의 주머니를 털어 초청비와 식대를 감당했다. 우리나라의 주요 시인들을 초빙하여 강의를 듣고 질의토론을 벌였다. 2001년 5월부터 시작되었는데 초빙된 시인은 다음과 같았다. 송수권, 정일근, 문정희, 나희덕, 최영철, 유안진, 문태준, 강은교, 문인수, 장석남, 김명인, 천양희, 서정춘, 고재종, 이기철, 조용미 등이 그 이름이었다.

  이렇게 초빙이 되고 전국에 그 소식이 전해지자 〈이달의 시인〉에 초빙되지 않은 시인은 시인도 아니라는 말이 돌았다. 화요문학회 회원들은 그들이 동아리를 통해 얻은 정보와 노력으로 활동한지 20년에 이르렀을 때는 거의 100프로 회원들이 등단을 하게 되었다. 이어산,

김현숙, 권은좌, 손영희, 이이길, 이종수, 정삼희, 정선희, 정희정, 허정란, 조향옥, 유정복, 박현숙, 최숙향 등이 그 기간 멤버였다. 이 동아리가 창립 후반이 되면서 회원들이 평생교육원 출신의 분포가 줄어들었지만 그런 가운데도 결속을 다지고 지역문학의 버팀목으로 일취월장 성장을 거듭했다.

화요문학회 밖에도 남가람문학회(류준열, 박희섭, 정다인, 이산, 박기원) 비봉문우회(권우용, 진형란, 이순, 박진옥, 김정분, 이순이) 등의 활동도 괄목할 만했다. 이 무렵에 계간 《미네르바》로 등장한 정준규의 이름도 빼놓을 수 없다.

후에 경상대학교 평생교육원뿐만 아니라 경남과학기술대(박종현 시인 지도)와 진주교육대학(낭송반 최진자 낭송가 지도)의 평생교육원이 생겨나 문학의 텃밭 가꾸기에 다같이 일조를 했다. 특히 박종현 시인 지도반에서 능력 있는 시인들이 성장하여 주목을 받았다. 유홍준 시인은 시창작 개별강좌로 연속시행하여 지역의 우수 시인을 견인해내고 있고, 수필분야에 배정인, 손정란 등이 지도자로서 수필문학의 문학성 계발에 이바지해 왔다.

4) 한 세기, 정예문인들의 배출과 그 배경을 이룬 문인들

한 세기의 결실은 거의 세기말에 이르러 이루어진다는 말이 옳다.

진주문학은 이때 내적인 성장으로 한국문학의 정수리에 올라서는 시인 작가들이 눈부시게 등장한다. 허수경(1987), 김언희(1989), 박종현(1990), 유홍준(1998), 김이듬(2001), 박우담(2002), 주강홍(2003), 조민(2004), 이점선(2004), 김지율(2004), 정다인(2008) 등이 다 시인의 이름으로 면면을 보인다.

시인 김이듬

이중 허수경, 김언희, 박종현, 유홍준, 김이듬 등이 앞서가는 그룹을 형성하고 박우담, 주강홍, 조민, 이점선, 김지율, 정다인 등은 그 뒤를 따르는 그룹으로 한국시의 주류에서 활동하고 있다. 특히 밀레니엄 시기를 기해 한국시의 별로 떠오른 허수경, 김언희, 유홍준, 김이듬 등은 각자 나름의 가치혁신의 기법 창출로 현대가 시의 시대라는 점을 각인시켜주고 있다.

시인 최명란

김언희는 맨 처음 '궤도 밖, 또는 그 너머의 시'에 주력하여 잔인하고 도발적인 언어로 시가 반서정으로 때로는 엽기적 형태로 드러날 수 있음을 반포(?)하였다. 1989년《현대시학》으로 데뷔하여 '난센스에 풍자', '상처에 침몰' 등으로도 미학적 결구를 이룰 수 있는 경지에 닿았다. 그는 어디에 사는가, 라고 묻는 사람이 없을 정도로 진주 시인이 곧 한국시인이라는 등식을 마련해 주었다.

이에 비해 출향시인으로 우뚝 선 허수경 시인은 1987년 《실천문학》으로 데뷔하여 시대에만 갇히지 않고 당신의 부재와 상처에서 시작하여 단독자의 길에, 유목민의 고뇌에 이르고 마침내 '글로벌 블루스'를 노래했다. 그의 글로벌 세계는 장엄할 정도, 고대 근동의 고고학적 통찰까지 짚어낸 시의 일생은 그가 54세를 일기로 세상을 등졌을 때 우리나라 언론사가 하나같이 기사로 애도를 표시했다. 아마도 이런 쪽에서만 보더라도 허수경문학의 깊이와 폭을 가늠해 볼 수 있지 않을까 한다.

유홍준은 1989년 《시와 반시》로 등단하여 『상가에 모인 구두들』 등의 시집을 내고 이미지의 굴절 등을 구사하여 언어적 감성과 해체라는 효과를 시도하기도 했다. 「달리는 뼈」, 「손목을 부치다」, 「키보드 두드리는 참새」 등 제목을 보아도 언어의 감성적 탄력을 짚어볼 수 있다. 유홍준은 이형기문학상 2회상과 한국시인협회 젊은 시인상을 받았다.

김이듬은 2001년 계간 《포에지》를 통해 데뷔하여 한국 시단에 환상과 도발적 비유로 독자의 언어적 감성을 자극해온 그는 그 사이 『별모양의 얼룩』, 『말할 수 없는 애인』, 『히스테리아』 등과 최근 『마르지 않은 티셔츠를 입고』를 발간했다. 특히「시골 창녀」는 시에서 정신의 비틀기라는 가치, 새로움의 시각을 열어주었다는 점에서 하나의 가치 혁신이라 할 만하다. 그는 시를 흔들면서 아울러 독자를 흔든다. 그는 제목에서 '아쿠아리움'으로 흔들고 "오늘처럼 인생이 싫은 날에도 나는 생각한다"라는 첫 줄로도 흔든다. 경상대 국문과에서 박사학위를 받고 베를린 자유대학, 슬로베니아 류블랴나대학에서 각각 강의를 했다. 22세기문학상, 김춘수시문학상 등을 받았고 현재 한양여대 문창과 교수로 있다.

박우담은 시집으로『구름 트렁크』,『시간의 노숙자』,『설탕의 아이들』3권을 발간했다.「별사탕」에는 은하수, 구름, 설탕 막대기, 말의 귀와 발굽 등의 소도구들이 등장한다. 이들이 소꿉놀이하듯이 별과 별 사이에서 논다. 막대기로 시간의 구름을 휘저어 만들고, 구름을 먹고, 시간의 자식들을 낳는다. 때로는 난폭하다. 천계에서 벌어지는 상상이요 환상이다. 시인은 이에 머물지 않고 통시적으로 원시 속까지 유영해 간다. 그곳에는 네안델탈인이 산다. 해독할 수도 없는 문장들이 밤하늘 위에 널려 있다. 시인은 이렇게 수직적인 운동을 하고 수평적인 궤도를 떠돌기도 하는 것이다. 실로 두터운 사색이 시의 생태를 형성하고 있다. 무성한 흐름, 우주적 주소지이다.

주강홍은『망치가 못을 그리워할 때』와『목수들의 싸움 수칙』2권의 시집을 발간했다. 그는 「명태」, 「결」, 「못」, 「목수들의 싸움 수칙」, 「폐목」, 「망치」, 「난간 공사」, 「장도리」 등의 제목을 쓰고 있는데 이는 다 「목수」와 유관한 말이다. 시인은 그러므로 건축업 전문의 회사를 갖고 있다는 인상을 주고 있다. 시인의 직업이 다양하여 그중 건설이나 토목일에 종사하는 시인들이 더러 그쪽의 소재가 주로 쓰이는 시를 쓴다고 볼 때 주 시인도 역시 개성 있는 시인일 것이 분명하다.

"대패질에 몸을 맡긴 나무야/ 묘비명 같은 옹이 자국으로 동그랗게 쳐다보는 나무야/ 나도 너와 다르지 않아서" 물결로 일렁이는 결을 확인한다는 것이다. 결이 화자만의 개성이요 캐릭터가 될 터이다. 「목수들의 싸움 수칙」은 연장 벨트를 푸는 것, 안전모를 벗는 것, 공간을 확보하는 것이고 시작과 끝은 외부에 노출하지 않는 것 등이라는데 "얇은 시인들이여 그들과 절대 맞붙는 일이 없어야 한다"고 주의를 준다. 주 시인의 시는 현장성에 강하고 몸의 이행에 강음부가 놓인다.

이어 조민은 시집 『구멍 난 도넛』 등으로 일약 비상하는 시인의 대열에 섰고 이점선은 시집 『안개기법』으로, 김지율은 시집 『내 이름은 구운몽』으로, 정다인은 시집 『여자K』로, 황숙자는 시집 『뭉클』로, 이미화는 시집 『치통의 아침』으로 각기 개척의 삽을 들고 있다.

각 장르별로 개성 있는 작가를 고르면 평론에 송희복, 강외석, 수필에 최문석, 손정란, 아동문학에 한수연, 정현수, 이선향, 시조에 강경주, 김용진, 손영희, 김성영, 최영효, 소설에 이해선, 유시연 등이 거론될 수 있다.

출향 문인으로는 최명란(시), 허혜정(시. 평론), 김륭(시), 박진임(평론), 이여원(시인) 등을 주목할 수 있다. 최명란은 《문화일보》 신춘문예 시로 등단하고 《조선일보》 신춘문예 동시로 등단하여 특히 동시로 발군의 역량을 발휘했다. 동시집 『수박씨』 등 11권을 내고 출간과 동시에 수만 수천 권이 팔리는 광폭 행보를 거듭하고 있고 세종대학교 국문과 석사학위를 받았다.

김연희 외 시집 표지

이쯤에서 진주문인으로 1960년대 이후 50여 년이라는 문학 인생을 살면서 지역의 뿌리가 되고 중추가 되고 마침내 문학사적 행간이 된 시인 작가를 기억할 수 있다. 시조에 박재두(작고, 1965, 동아일보), 시에 강희근(1965, 서울신문), 김석규(1966, 현대문학), 소설에 김지연(1966, 현대문학), 시에 김여정(1968, 현대문학), 시조에 김호길(시조문학) 등이 그 이름이다. 이들은 각기 문학에 자기 목소리와 세계를 획득하여 지역문학의 기반이 되고 미래문학의 비전이 되어 주었다.

10.
마무리

진주는 타 지역에 비해 문향 그윽한 곳으로 알려져 있다. 또 예향으로 불리어지기도 한다. 이는 진주가 1920년대 중반까지 거의 수백 여 년 경상남도 도청 소재지로서의 행정 거점지역이었음에 눈길을 주면 쉽게 수긍이 가는 것일 터이다. 일단 진주 문인들의 근현대 활동상을 살펴 보면 진주 문인들이 활동한 문단이 자연스레 타지역의 문단과는 약간의 차이점이 드러나지 않을까 한다.

1) 진주의 문학 여명기는 한국문학의 여명기와 시기를 같이 한다. 1912년 전국 최초 지방신문인 경남신문 지상에 개화기소설 5편이 발표되는, 주목할 만한 기록을 남기기 때문이다. 의주 사람 박영운에 대

한 기존의 일부 연구에서 친일적인 요소가 있다고 하여 개화기 작가의 친일적인 측면을 부풀려 가치를 축소하려 하는 경향이 있는데 실제 박영운의 전기적인 삶은 그와 반대인 점이 간과되고 있다. 이를 포함한 작가 연구가 깊이를 더하면 진주 지역이 가지는 문학 저변의 가치가 달라질 수 있을 것이다. 말하자면 몇몇 알려져 있는 개화기 작가군에 박영운이 더해지고 작품질의 당대적 외연이 넓혀지는 경우를 기대할 수 있기 때문이다.

2) 진주의 문학 초창기는 소년운동과 아동문학이 맞물리면서 구비문학적 특색을 보여주었다. 그 중심에 강영호가 있다.

3) 그 아동문학과 더불어 1920년대와 30년대로 이어지는 진주문학은 사회운동의 큰 테두리 안에서 이루어졌고 그 연장선상에 일제에 대한 저항의 불씨를 살려나갈 수 있었다. 1920년대 이경순이 본격적으로 시를 쓰기 전에 동경에서 아나키즘 운동을 편 것은 우리나라 아나키즘 운동의 중심부를 이룬 것으로 역사적 평가를 얻고 있다.

4) 1930,40년대 진주문단에는 소년문인들과 김병호, 엄흥섭, 허민 등 시인 작가들로 이름이 높았다. 김병호 엄흥섭은 국내 최초로 지역시단지《신시단》으로 한국 동인지의 역사적 외연 넓히기에 기여했다. 허민은 30년대《문장》지에 두 장르 등단이라는 지역에서 보기 드문 쾌거를 이루었다. 그 놓여진 위상으로 '북 동주, 남 허민'이라는 평

가를 얻었다.

  5) 광복 후 설창수, 이경순 시인 등은 진주에서 문예운동 내지 문화예술제 창제 멤버로 기여한 공적이 크다. 다른 지역에서 보기 힘든 문예지《등불》,《영남문학》을 이끌었고 이를 바탕으로 전국 최초의 문화축제 개천예술제로 발전시켰다. 그 이상과 지향이 창대하여 축제의 제의성을 단군조 제단으로 이끌었다. 축제를 민족 규모 국가 규모로 설정하고 실천했다. 이런 포부와 비전은 그 이후 1천여 개의 유사축제를 이끌어내었고 후속 축제 중에 국가단위는 오직 개천예술제밖에 없었다.

  6) 진주 문예운동은 문예지(동인지) 발간 운동으로 이어지면서 우리나라의 지역문예지로서의 정본을 세우게 되었다. 지면 제공과 신인 등용의 문을 열었다. 그 연결 고리는《신시단》(1920년대)-《영남문학》(1950년대-1960년대)-《문예정신》(1970년대-1980년대)-《시와 환상》(2000년대) 등으로 이어졌다.《문예정신》과《시와 환상》은 기업 메세나 이전부터 이루어져 온 기업과의 연대적 산물이다.

  7) 우리나라에서 처음으로 어린이시조를 제창하고 초등학교 어린이들을 대상으로 어린이시조 쓰기 운동을 벌였다. 참가한 문인으로는 리명길, 김호길 등이었다. 리명길 교수는 어린이시조를 제창했고 『어린이시조 첫걸음』을 발간했다. 김호길은 이 운동을 국제시조 운동으로

연결하는 데 힘을 썼다.

8) 한국문학 안에서 활동의 주류로 등장한 진주문인은 1920년대에 강영호, 김병호, 엄흥섭. 1930년대에 김병호, 엄흥섭, 김동리, 허민. 1940년대에 설창수, 이경순, 정태용(평론가). 1950년대에 최계락, 이형기, 조향, 이병주, 정공채, 박경리, 최재호. 1960년대에 박재두, 강희근, 김석규, 이월수, 김지연, 김여정. 1970년대에 김정희, 정목일, 김인배, 신찬식 조평규. 1980년대에 허수경, 김언희, 정규화, 송희복. 1990년대 이후에 박종현, 유홍준, 김이듬, 박우담, 주강홍 등이 꼽히고 출향문인은 최명란, 허혜정, 김륭, 이상원, 박진임 등이 선두로 나서고 있다. 특기할 만한 일로는 이중 최 시인이 동시집(창비)으로 우리나라 베스트셀러 대열에 오르기는 문학사 100년에 거의 처음 있는 일이라 하겠다.

9) 개천예술제 백일장을 거쳐 우리나라 중심 문인이 된 사람은 이형기, 박재삼, 송영택, 성종화, 신중신, 김종철, 안도현, 정일근, 허수경, 유홍준, 서벌, 박경용, 김호길, 박진임 등이 그 면면이다.

10. 마무리

참고문헌

· 강희근, 『우리 시문학 연구』, 예지각, 1985
· ----, 『경남문학의 흐름』, 보고사, 2001
· ---- 편저, 『慶南文學史』, 경남문인협회, 1995
· 개천예술제 60년사편찬위원회, 『개천예술제60년사』, 2011
· 『慶南文學硏究 제5호』, 경남문학관, 2008
· 문예정신사, 『文藝精神 합본』, 1979
· 박경수, 「일제강점기 진주지역 소년문예운동 연구」, 『국제어문 29집』, 국제어문학회, 2003
· ----, 『잊혀진 시인, 김병호의 시와 세계』, 새미, 2004
· 박태일, 『유치환과 이원수의 부왜문학』, 소명출판사, 2015
· ---- 등, 『파성 설창수문학의 이해』, 경진, 2011
· ---- 편저, 『허민 전집』, 현대문학사, 2009
· 송희복, 『경남지역의 문학』, 국학자료원, 2013
· 시와 환상사, 『계간 시와 환상』. 겨울호 통권 7호, 2012
· 『시인의 눈』, 한국문연, 2009, 6, 10
· 안경식, 『소파 방정환의 아동교육 운동과 사상』, 학지사, 1994
· 『우리문학연구 35집』, 우리문학회, 2012
· 윤애경, 『문학작품의 배경, 그 현장을 찾아서』, 창원대 출판부, 1915
· 이경순, 『이경순시전집』, 자유사상사, 1992
· 이병주, 『마술사/겨울밤』, 바이북스, 2011
· 이승윤편, 『엄흥섭 선집』, 현대문학사, 2010
· 이형기, 『이형기시전집』, 한국문연, 2018
· 「진주문인 발자취」, 『晉州文壇 35집』, 진주문인협회, 2018
· 『晉州市史』, 1995
· 최재호, 『我川文集』, 경상대학교 경남문화연구소, 1993
· 『韓國詩雜誌全集』, 원문사, 1974
· 『會誌』, 文協晉州支部, 1964(창간호)